リアル店舗を救うのは誰か

バニッシュ・スタンダードCEO／代表取締役
小野里 寧晃
Onozato Yasuaki

今すぐ「店舗スタッフ」にECを任せよ！

日経BP

リアル店舗を救うのは誰か

今すぐ「店舗スタッフ」にＥＣを任せよ！

はじめに……の前に

「お前のやっているECサイトなんて大っ嫌いだ」

これは、バニッシュ・スタンダードの前身となる会社でECサイト構築を仕事にしていた僕（小野里寧晃）に、友人たちから投げつけられた言葉だ。

2001年に群馬県から上京して以来、クラブのDJをしながら渋谷のストリートで育った僕には、「渋谷109」をはじめとした人気商業施設で働くアパレル店舗スタッフの友人たちがたくさんいた。いつもセンター街にたむろして、一緒に笑ったり、悩みを聞いたり。僕を含めて、当時はやりのギャル、ギャル男ファッションという外見とは裏腹に、真剣に将来を語り合った仲間たち。

アパレルの店舗で働く友人たちの仕事は、お客さまに感動を提供できるよう常におもてなしを意識し、自分磨きを行い続けるだけではなく、立ち仕事や重たい荷物を運ぶ重労働。それでいて、薄給だったことも知っている。当時、渋谷

109で最も売り上げが高かった「カリスマ店員」ですら、給料は月20万円以下だった記憶がある。でも、彼ら彼女らは、「ファッションが好き」「アパレルが好きだから働いている」と、心からの笑顔を見せてくれたものだ。

あれから約15年が経ち、カリスマ店員という言葉が過去のものになった2010年代半ば。その間、店舗スタッフの働く状況も待遇も特に変化はなかった。そんな中で大切な仲間たちと久々に再会すると、当時ECサイトをつくっていた僕に対する風当たりはとても強かった。「お前のやっているECサイトなんて大っ嫌いだ」。心の奥底がえぐられた。

だから僕は、会社が社員ゼロになってしまって負債が数億円と、倒産寸前の状態だったにもかかわらず、ECサイト事業をきっぱりとやめた。その代わり、店舗スタッフを救うためにECサイトの仕組みを利用するという、逆転の発想のサービスを考えて考え抜いて、つくり抜いて提供を始めたんだ。

思いがあって一生懸命やれば、不可能なことなんてない——。ビジネス視点だけではなく、そんな僕の生き方も読んでくださったら、とってもうれしく思う。

はじめに

何もしないバカより、挑戦するバカでありたい

みなさん、初めまして。株式会社バニッシュ・スタンダードCEO／代表取締役の小野里寧晃（おのざとやすあき）です。会社名は「バニッシュ＝消す」「スタンダード＝常識」という2つの言葉を組み合わせたもので、「常識を革（あらた）める」ことを存在意義としてIT事業を展開しています。

僕たちが提供する「STAFF START（スタッフスタート）」というサービスは、「店舗スタッフがECサイトでも接客できる」アプリケーションです。

リアル店舗には「商品」と「レジ」があり、「店舗スタッフ」が立っています。それなのに、なぜECサイトには「商品」と「レジ」しかないのだろう。オンライン上でも必ず店舗スタッフが存在する意義はあるはず。そうなれば全国の店舗スタッフと全国のお客さまがオンラインでもつながることができる。そんな考えを基にサービスを創造してきました。

ただ、問題はオンライン接客に対する店舗スタッフのモチベーションでした。

これを解決するために、頑張った人が報われる設計にしようと、オンライン接客を通じてECで商品が売れたかどうかを可視化し、それを基にした「評価」の仕組みを取り入れ、店舗スタッフの賃上げを促進できるサービスとしても貢献してきました。

常識を革めることは決して簡単ではありません。ですが、いつだって問題はシンプルです。この世界で困っている人がいるのであれば、その人たちを助けたいと思って行動を続けていれば、賛同してくれる人たちが必ず現れるもの。僕はそれを単にひたすら実行してきただけです。これは思いがあって挑戦を諦めなければ、誰にだってできることです。

2020年、テレビ東京の「カンブリア宮殿」に出演させていただいた際にも、作家の村上龍さんから「モノが売れない今の時代に成功するために大事なのって、『人が好き』っていうことなんじゃないかと思ったんですよね」という言葉をもらいました。また、本書に対談を収録していますが、世界的な経営コンサルタントである大前研一さんが定義したスタッフスタートの原点は、「怒りと愛」。店舗スタッフの友人たちを通して感じた業界構造への怒り、そこに身を置く仲間たちを救いたいと思う気持ちを表現してくれました。

本書では、僕自身の原体験からスタッフスタートを考え出し、いかに多くの課題に向き合って進んできたのかをつまびらかにしています。リアル店舗の危機的な現状を改めて確認したうえで、それを解決する手段としてのオンライン接客の必要性、そしてリアル店舗の救世主は「店舗スタッフ」であるという最も本質的な事実を分かりやすく解説しています。

また、オンライン接客に代表される店舗スタッフ起点のＯＭＯ（オンラインとオフラインの融合）を進めるために企業は何をすべきか、そして「当事者」である店舗スタッフのみなさんがオンラインで活躍するにはどうすべきか。より具体的に成功するスタッフスタートの活用方法を紹介しています。そして最後の第6章では、僕が考えるリアル店舗の明るい未来を大胆に披露しています。

改めて活字にすると恥ずかしい次第ですが、本書では僕自身の生い立ちや盛大なる失敗体験まで語り尽くしています。誰もが「無理だ」と言ったことや、考えることすら放棄した事柄に対して、真正面からぶつかって、転んで、怪我した姿を「バカなやつだ」と笑ってもらってもかまいません。「何もしないバカよりも、挑戦するバカでありたい」というのが、僕の生きる道ですから。

本書はリアル店舗を展開している企業の経営層や店舗のエリアマネジャー、ＥＣ担当者のみならず、現場で一生懸命お客さまに向き合っている店舗スタッフの方々にこそ読んでもらいたい。リアル店舗を救うのは、まさに「あなた」だから。
もちろん、そんな重大な使命感に燃えなくても、たった一歩踏み出すだけでも現状は大きく変わるし、一緒に働く仲間たちも家族もハッピーにできる。僕は「未来のカリスマ店員」は全国にまだまだ埋もれていると考えていて、この本がそんな「原石」たちの心に火を付けるきっかけになればと願っています。
また、これから新しいサービスをつくって世に問いたいと考えている人、現時点で携わっている仕事に誇りを持っている人、得体の知れないモヤモヤを抱えている人……。そんな皆さんにとってもビジネスの参考となったり、リアル店舗の在り方やリアルな体験のありがたさ、他者と関わっていることの幸せを再確認したりできる一冊となればうれしく思います。

やっぱり僕は、人が好きだし、リアルは最高ですから。

2023年3月吉日　小野里寧晃

chapter

1

今、リアル店舗で何が起きているのか

２０２０年春。世界を一変させるような出来事があった。そう、新型コロナウイルス感染症の流行拡大だ。緊急事態宣言が発令され、百貨店やファッションビルなど多くのリアル店舗が休業や時短営業を余儀なくされた。人々は不要不急の外出を避け、企業や学校は在宅勤務・在宅学習の体制の整備を強いられた。銀座や原宿、渋谷や新宿といった繁華街も人影がなくなり、一時はゴーストタウンかと見まがう状況になった。ファッションは「不要不急の商材か否か」という議論さえ巻き起こった。

それをきっかけにデジタルシフトが急加速し、各社ともにＥＣとオンライン接客の強化に一気に動いた。オフィスの商談スペースを撮影スタジオに変えて、ＥＣ向けの撮影やＳＮＳに投稿するコンテンツを作成したり、リアル店舗やショールームからライブ配信をしたりするなど、オンラインシフトが急速に進んだ。

さらに、需要と供給のバランスが一気に崩れたことから、売り上げ、利益を確保するために需要予測や企画、商品計画の精度向上、調達先の見直し、効率的な物流システムや在庫コントロール力の向上など、サプライチェーン改革を進めることになった。

加えて、気候変動危機対策による温暖化ガスの排出削減や、循環型社会の実現、トレーサビリティーやエシカルな商品調達、ダイバーシティー（多様性）＆インクルージョン

（包摂）など、サステナビリティー（持続可能性）に対する取り組みの強化が企業に求められるようになってきていた。

こうしたDX（デジタルトランスフォーメーション）と、SX（サステナビリティトランスフォーメーション）の潮流はコロナ禍以前から起こっていたトレンドだが、くしくもコロナ禍によって何倍もの速さで推進されることになった。

僕らバニッシュ・スタンダードが提供する「スタッフスタート」は、まさに店舗スタッフをDX化し、自社ECサイトでオンライン接客を可能にする「Staff Tech（スタッフテック）」サービスだ。店舗スタッフがリアル店舗で培ってきたノウハウやセンスなどに基づいて作成するコーディネート写真を手軽に自社ECやSNSへ投稿できるようにして業務をサポートする。また、そのコンテンツ経由でスタッフ一人ひとりがどれだけ自社ECのアクセスを稼いでいるか、EC売り上げに貢献しているかを可視化し、スタッフの個人評価や次の施策につなげられるようにしてきた。リアル店舗で働きながら、ECや全社の売り上げ伸長に貢献することを支援し、企業やブランドの成長のみならず、店舗スタッフのやりがいや報酬を高めることに注力してきた。

スタッフスタートの仕組み

1.店舗から投稿

店舗スタッフが業務の合間に専用アプリを使用し、オンライン接客のコンテンツを投稿

2.オンライン接客

自社ECサイトやSNSにスタッフの投稿が掲載され、スタッフのセンスや知識がお客さまの意思決定の後押しに

3.成果を評価

投稿経由の売り上げは、本社やスタッフへ通知。オンラインの成果を可視化してスタッフ評価へつなげる

コロナ禍前の18年9月～19年8月は、スタッフスタートを使って投稿されたコンテンツ経由のEC年間流通額は約288億円で、導入ブランド数は500超だった。それが、コロナ禍が襲った19年9月～20年8月には前年比3倍の882億円、導入ブランド数は750へと急増した。

そして、20年9月～21年8月には年間流通額が前年比45％増の1279億円、21年9月～22年8月には同20％増の1529億円を突破している。23年2月末現在のブランド数は2100を超え、利用するスタッフアカウント数は18万人超、月間1000万円以上の経由売上高を誇るスタッフは200人以上になった。アパレルに加えて、資生堂やコーセー、アットコスメなどの化粧品業界、ソニーマーケティングやカシオなどのメーカー系、大手百貨店やニトリ、ヤマダデンキなど小売業全般、デベロッパー、式場運営のアニヴェルセルなどサービス業にもスタッフスタートの導入企業は広がっている。

「コロナ禍でスタッフスタートに救われた」といった店舗スタッフからの声を聞き、「間に合ってよかった」「僕らがやってきたことは間違っていない」「さらにサービスの拡充を加速しなければ」という思いを本当に強くしている。なぜなら、業界を問わず、リアル店舗はまだまだ危機に瀕しているからだ。

「百貨店の時代」から何が変わったのか

小売業、特にファッションビジネスは、「時代対応業」といわれている。生活者は自分のライフスタイルの中で、時間や場所、価格や利便性、エンターテインメント性や希少性などを考慮しながら、リアル店舗とＥＣとをボーダレスに使いこなすのが当たり前の時代になっている。

これまでも、百貨店や駅前のファッションビル、都心の路面店、郊外型ショッピングモール、アウトレットなどさまざまな業態が増え、日本国内の売場面積は拡大する一方だった。完全に「オーバーストア」といわれる状況が２０００年代から続いてきた。そこに外資系のファストファッションブランドや、リアル店舗を持たないＤ２Ｃ（ダイレクト・トゥ・コンシューマー）ブランドなども続々と参入してきた。しかも、生活者の可処分所得が上がらない、むしろ下がっているといわれる中で、スマートフォンや飲食・カフェ、ヘア＆メイク、ゲームや音楽といったエンタメにお金を投じる人が増え、その一方で衣料品の支出は低下してきた。こうして競争環境が激変し、百貨店の閉鎖や企業のＭ＆Ａ（合併・買収）、倒産なども相次いでいる。

そんな状況を踏まえて、まずは僕なりに90年代前半から現在までのアパレルの歴史を振り返りながら、時代に対応し、解決しなければならない課題について考えていきたい。

80年代から90年代前半までは、「百貨店、王者の時代」だった。バブル期にも重なり、百貨店には体感で今の10倍も20倍も30倍ものお客さまが訪れていた。ファッションの伊丹や西武百貨店、老舗の三越や高島屋など、その中で商品を売ることができれば100％成功できるというぐらい強くて、「何を売るか」よりも、エレベーター前など「いかにフロア内の好立地に陣取るか」という熾烈な場所取り合戦が繰り広げられていたと聞く。

地方の百貨店もにぎわっていて、主要都市には複数の百貨店があるのが当たり前。今では、「こんなところにもあったのか」と思うぐらい多くの百貨店があった。売上額も大きくて、今では月坪効率が60万円で御の字といわれる中で、当時は100万円超えという売り場もざらにあった。

その代わり、掛け率と呼ぶ、売り上げに対する百貨店側への支払い料率（家賃のようなもの）が高水準だった。今でこそ掛け率は35～40％ぐらいに落ち着いているようだが、当時は「儲ける割合は少ないけど、売上金額は大きくなるし、名前も売れるので、50％前後でも出店したい」という時代があったと聞く。百貨店と取引先は、僕からすると主従関係みたいなもので、今もその名残が残っている気がしている。

90年代後半から2000年代前半にかけては、「日本ブランドの拡張時代」と位置付けられる。80年代にＤＣ（デザイナーズ＆キャラクターズ）ブランドが台頭したが、90年代後半には、大手アパレルブランドも、渋谷１０９のギャルブランドも、裏原宿のストリート系ブランドも、ユニクロや無印良品のようなＳＰＡ（製造小売り）ブランドも人気となり、国内アパレルブランドの百花繚乱の時代だった。

それに合わせるように都市型のパルコやルミネ、渋谷１０９や、郊外型のららぽーと、イオンモールなどが台頭。商業施設が年間１００店舗以上オープンしたり、大型化したりするなど、「商業施設・ＳＣ（ショッピングセンター）全盛時代」であったことも、アパレルやＳＰＡブランドが急成長する背景になった。

百貨店の取引条件が厳しい一方で、駅ビル、ファッションビルなどは売り上げに占める家賃比率が30％前後、郊外型商業施設では10～15％など、ローコストで出店できるのが魅力の一つになった。売り上げは百貨店ほど取れなくても、収益を確保しやすい。また、家賃が安いぶん、価格も安く設定できるので価格競争力が出せる。素材やディテールは異なるものの、同じような商品アイテムで比較すると、百貨店に比べて7掛け〜半額ぐらいの価格設定で販売していった。これにより、百貨店の客層が富裕層から中間層であるのに対して、若者やファミリーなど、ターゲット顧客が多いボリューム層にアプローチしていった。

こうして商業施設が台頭する中で急成長したのが、「ユナイテッドアローズ」「ビームス」「ベイクルーズ」「シップス」「トゥモローランド」などのセレクトショップだった。それまで大都市の路面店を構えることが多かったセレクトショップが、商業施設の開業ブームにも乗り、館内の好立地に比較的大きなスペースで出店を加速。インポートやデザイナーズのセレクトだけではなく、手ごろな価格で提供する独自のＰＢ（プライベートブランド）の比率を高めたストアなども開発して急成長を遂げていった。

百貨店と商業施設では、運営方式の違いもあった。商業施設では、入居する店舗やブランドを運営する企業がスタッフを配置して、自前で接客、会計などを行い、独自のサービスを提供するのが一般的だ。百貨店に比べると店舗面積も広く取れて、一つひとつのブランドの世界観も表現しやすくなっている。しかも、ルミネやパルコをはじめとして、出店するブランド＝テナントの横のつながりを重視し、ライバル同士であったとしても仲間意識を高めた運営形式をとるようになったのも特筆すべき点だ。

一方で、百貨店はラグジュアリーブランドや一部ショップを構えているところを除き、多くの売り場では、ブランド・企業から送り込まれたライバル同士の派遣社員と百貨店スタッフが接客する。そして百貨店のスタッフが集合レジで会計し、接客を担当したスタッフがお見送りする、という形をとるところがほとんどだ。しかし、そういう売り方、買い方でブランドが尊重されるかどうかは、問題があったと思われる。

売られている金額の多寡ではなく、商業施設のほうが接客販売の自由度が高く、むしろ気持ち良い買い物がしやすいという人も現れた。古い造りの百貨店よりも、開業から比較的日が浅く、開放感のある空間設計をしていることや回遊性が高い点なども魅力になった。

後に店舗スタッフ自らがＳＮＳを活用して積極的に情報発信し、お客さまと直接つながっていく時代において、コンプライアンスの観点を理由にブレーキをかけるなど、百貨店では比較的最近まで売り場からの情報発信に積極的に取り組んでこなかった歴史がある。

それらの結果、日本百貨店協会によると、全国の百貨店売上高はピーク時の91年には９兆７０００億円あったが、22年は４兆９８０７億円へと半分近くに落ち込んでいる。店舗数も２６８店舗から22年末には１８５店舗へと３割も減少している。

売り上げの落ち込みよりも店舗数の減少が少ないということは、売上効率が低下しているということだ。単純計算で1店舗当たりの売上高はピーク時の約362億円から269億円へと減少していることになる。百貨店の競争力はこんなにも低下してしまったのだ。しかも、これは以前はなかったECの売上高を加味したものであり、実際のところリアル店舗の売り上げ・収益力は激減している。

沸騰！ 平成の「カリスマ店員」ブーム

1990年代後半から2000年代半ばは、「カリスマ店員の時代」でもあった。流行の発信源となったのは、ギャルファッションの聖地となった渋谷109だ。「エゴイスト」「ココルル」「カパルア」「ミー ジェーン」「ラブボート」などに続き、「セシルマクビー」や「マウジー」「スライ」などのブランドが大人気となり、そこで働くカリスマ店員がファッションリーダーとしてトレンドをけん引した。

彼女たちが着た服が飛ぶように売れ、彼女たちのヘアメイクをお手本にする人々や、彼

「カリスマ」で流行語大賞に選ばれたファッションショップ109 EGOISTの店員（左側）（東京・千代田区の東京会館、写真／時事）

女たちに会うために全国から渋谷１０９を訪れる人々も多数いて、週末や店頭イベント、新商品発売日に行列ができるのは当たり前。エゴイストやマウジーで活躍した憧れのカリスマ店員、森本容子さんに会えてうれしさのあまり泣き出す子の姿もあった。彼女たちは「会いに行けるアイドル」ならぬ、「会いに行けるカリスマ店員」として注目を集め、99年には「新語・流行語大賞」で「カリスマ」が入賞したりもしている。

当時は人気雑誌に載ることがカッコイイこと、売れることの条件でもあった。ギャル系の人気雑誌「ｅｇｇ（エッグ）」「Ｐｏｐｔｅｅｎ（ポップティーン）」などにはカリスマ店員らも多く誌面に登場していた。

こうしてギャルブランドの人気は全国に広がり、商業施設や百貨店の中にギャルブランドを集めた「ミニ１０９」のようなテナント集積ゾーンが出来上がっていった。だが、ブランドが全国区になった半面、どこでも買えるようになってしまい、希少性が薄れてしまった。また、次第にギャルの年齢層が上がり、客層も広がったことで、「いかにもギャル」というスタイルの希薄化が進み、色白でキレイめといわれる「お姉系ギャル」が人気になったり、ＬＡセレブ風のテイストがはやったりした。そしてギャルブームは次第に下火になった。

代わりに赤文字系といわれる「ＣａｎＣａｍ」「ＶｉＶｉ」「ＪＪ」「Ｒａｙ」といった雑誌に代表されるモテ系が隆盛になり、エレガンス系や清楚系なども人気に。さらに、ファストファッションブランドの台頭もあり、衰退する企業・ギャルブランドも少なくなかった。少子化の影響も売り上げに暗い影を落とした。

アパレルECをけん引した「ZOZOTOWN」

潮目が変わったのは、05年あたりから2010年代にかけて。ここが、「アパレルECの始まりの時代」だった。スマートフォンなどデバイスの進化とEC事業者の増加を背景に、アパレル企業の自社ECやECモールが急速に広がっていった。それまでパソコン中心だったものが、ケータイ、さらにはスマートフォンが登場し、誰でも気軽にECでショッピングができるようになった。特に08年にiPhoneが出てきたときは衝撃的だった。

それまで日本のECといえば、プラットフォーマー系だと楽天市場（97年〜）やYahoo!ショッピング、ヤフオク！（99年〜）、アマゾンの書籍販売（2000年〜）などが主流だった。メーカー・小売り系では、ディノスや千趣会などのカタログ通販企業がネット通販を開始しており、それに続いてアスクル（97年〜）、ヨドバシカメラ（98年〜）、ユニクロ（2000年〜）、無印良品（同）などがECを開始した。

大きく動いたのは、2000年に誕生したゼイヴェルのケータイ向けメディア兼EC「ガールズウォーカー」が、5周年記念イベントとして〝史上最大級のファッションフェスタ〟とうたう「東京ガールズコレクション（TGC）」を05年8月に開催したことだ。

05年5月に同社はヤフーとの提携事業としてPC向けECサイト「ファッションウォーカー」もスタートさせた。

「リアルクローズ」と呼ばれる、誰もが買ってすぐそのシーズンに着られるブランドの最新コレクションを、雑誌やテレビなどで活躍するモデルたちが大型イベント会場の長いランウェイを歩きながらアピール。ターゲットとするF1層(20〜30代半ばの若い女性)が集う有観客のエンターテインメントとして、一気にECの認知度や利用者数を増やしていった。

一方で、04年にはZOZOTOWNが誕生した。ZOZO(当時スタートトゥデイ)を率いていた創業者の前澤友作さんが、単に商品を並べるだけではなく、その名の通り、デジタル上に街を再現し、そこに店を構えるショップで買い物を楽しめるという、かなりいけてるECモールをつくった。

ここに、ユナイテッドアローズの創業者で当時代表取締役会長だった重松理さんが出店を決断。「ユナイテッドアローズがやるならうちも」と、他のブランドも次々と出店していった。特に商業施設などで勢いのあったセレクトショップが続々と出店したことが大きな転機になった。

当時のアパレルはかなりアナログ体質で、ECモールはZOZOTOWN一強状態だったと記憶している。特にECの知識がない企業は、とりあえずZOZOに出てECビジネスを体感し、学ぶという流れが常態化していた。

当初は既存店に1店舗加わったようなイメージでZOZOTOWN店を運営していたブランドからも、ZOZOTOWN店が全店の売り上げトップ5、あるいはナンバーワンになる状況が生まれる中で、「ECでも服が売れる！」と広く認知されるようになった。これによって、ようやく自社ECも本格的に立ち上げる流れになった。

こうしてECが本格化する一方で、残念ながらここから店舗スタッフが少し忘れ去られる、置き去りにされる時代が始まってしまったのだ。今思えばZOZOの台頭は、デジタル化が進み、徐々に店舗へお客さんが来なくなってきて、ファッションビジネスが大きく変貌しつつあることを予兆する「アラート」だったんだと感じる。

「EC vs リアル店舗」、不幸な対立関係に

2010年代になり、ようやくECを成長戦略の柱に据える企業やブランドが増えてきた。圧倒的なトラフィック（集客力）を持つZOZOTOWNに出店すると、確かに高い売り上げや新規購入者は獲得できる。しかし、後発組はZOZOの出店料が百貨店並みに高いといわれ、それほど儲かるわけではなくなってきていた。D2Cブランドや低価格を武器にした新興のファストファッションなども続々と登場する中で、ZOZOでは以前ほど爆発的な売り上げはとりづらくなったのだろう。

また、お客さまにとっては「ZOZOTOWNで買った」という購買体験は残るが、どのブランドやショップで買い物をしたのかは二の次となりがちだ。そのため企業やブランドにとって、お客さまとのエンゲージメントを深めたり、ブランディングにつなげたり、ロイヤルティーを醸成することはしづらかった。あまりにもZOZO頼みになることは、ブランドの緩やかな毀損（きそん）につながるのではないか。そんな懸念も広がったように思う。

加えて、モノそのものよりも、その背景や思いを伝えていくストーリー性のある売り方は、自社ECサイトでこそ実現できるものだ。しかも、顧客情報がZOZOにしか蓄積されず、ブランドには残らないため、将来的にデータを活用できないというジレンマがあった。これはデジタルマーケティングを推進するには致命的だ。そんな要因が重なって、自社ＥＣを強化する企業が少しずつ増えていった。いわゆる「ＺＯＺＯ離れ」だ。

ＥＣとリアル店舗との関係性も変わりつつあった。初期に広がったのは、「Ｏ２Ｏ」（オンライン・トゥ・オフライン）という考え方だ。ＥＣやＷｅｂサイトなどオンラインで情報を得たお客さまを、クーポンなどの販促施策と併せてオフラインのリアル店舗に送客したり、逆にリアル店舗のお客さまをＥＣに送客したりして購買を促進するもの。だが、リアル店舗とＥＣという２つの販売チャネルを「別々のもの」と捉えているという意味で、機能不全の面があった。

続いて２０１０年代になって出てきたのが、「オムニチャネルの推進」だ。オンラインとオフラインをシームレスに連携させるために、基幹システムを統合して顧客データや顧客管理を一元化し、会員カード、ポイント、在庫の共通化を図ったりもしてきた。

ただし、これでもリアル店舗は救われない状況が続いていた。商業施設などの売り場が増えたうえにＤ２Ｃブランドなども登場し、競争が激化する中で、「ＥＣ vs リアル店舗」という構図が生じてしまった。リアル店舗では、ＥＣにどんどんお客さまや売り上げが奪われてしまうことや、売り上げ減に対して効率化の名の下で店舗スタッフが削減されたり、不採算店が閉鎖されたりするなど、苦しい状況に置かれていった。ECがリアル店舗を脅かす存在として映るようになってしまったのだ。

そんな状況を改善し、ECとリアル店舗を健全に伸ばしていくために、今、各社が「OMO（オンラインとオフラインの融合）」を進めている。OMOは、Online Merges with Offlineの略で、お客さまが自身の都合や利便性、タイミングによって、ECとリアル店舗を自由に選択して快適な買い物ができる品ぞろえやサービスを提案し、最高、最適な顧客体験を実現しようというもの。**これまでのO2Oやオムニチャネルは、どちらかというと企業起点のキーワードだったが、OMOは「顧客起点」であることが大きな違いだ。**

すでに、リアル店舗とECを両方活用する両購買顧客は、そのどちらかだけで買い物をする片購買顧客に比べて、年間購入金額が約3倍に上るというデータもある。お客さまとの接点を増やし、LTV（ライフタイムバリュー、顧客生涯価値）を向上させることが、現代の企業に求められていることだ。それには、リアル店舗でもECでも、お客さまに最適な体験を届ける必要がある。

ECが成長してきたとはいえ、たいていの企業やブランドの売り上げに占めるECの割合・EC化率はコロナ禍前で10％程度、現在でも20〜30％程度にとどまっている。中には、

「フリークス ストア」を展開するデイトナ・インターナショナルの約60％、ベイクルーズの約40％などという高実績の企業もあるが、大半のブランドはいまだに70～80％をリアル店舗で稼いでいる。

つまり、リアル店舗はもっと強化され、大切にされなければならないし、ECもまだまだ伸ばせる余地がある。何より、相乗効果によってリアル店舗もECも成長し、全社の売上高を最大化する必要があるということだ。

chapter

2

オンライン接客という「令和の救世主」

大切なのは「EX」

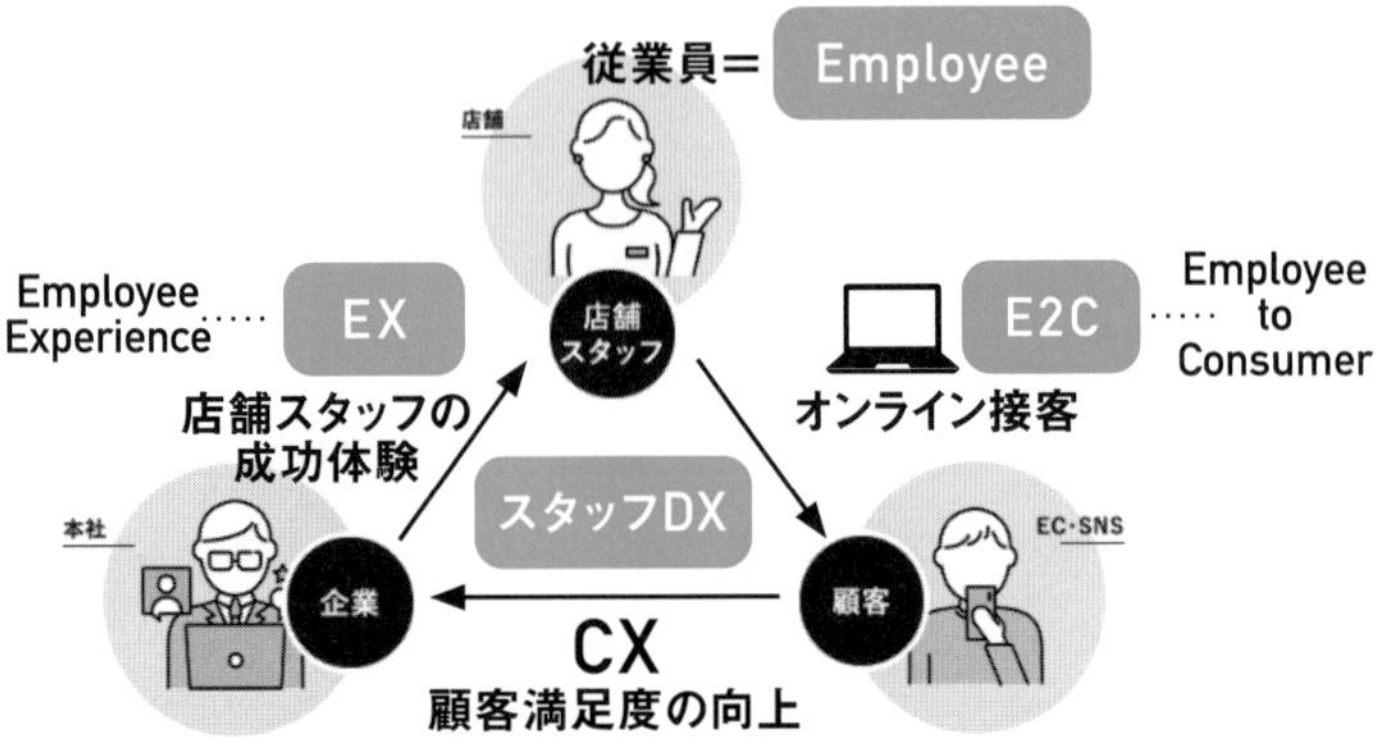

E2C→CX→EX→E2C……の「無限ループ」を回せるようにするのが、スタッフスタートの役割

スタッフスタートは、「好きを、諦めなくていい世の中を。」をスローガンに、店舗スタッフが抱えてきた課題と企業の課題を両方解決できるよう設計してきた。「店舗接客」の延長線で自社ECやSNSを通してオンライン接客できるようにし、店舗スタッフが店舗とEC、ブランドと顧客をつなぐ、OMO（オンラインとオフラインの融合）の柱となる世界だ。

今、時代はD2C（ダイレクト・トゥ・コンシューマー、企業→個人）から、E2C（エンプロイー・トゥ・コンシューマー、従業員→個人）へと向かい、「信頼する人から購入したい」というお客さまがどんどん増えている。特にECが台頭する中で、店舗スタッフとお客さまとの良い関係をオンライン上でも構築していくことが、ＯＭＯの成功には不可欠だ。**顧客起点と同時に「店舗スタッフ起点のＯＭＯ」を実現することが求められている。**

そんな世界をつくるスタッフスタートの構想のきっかけや、どんな思想で各種機能を実装してきたのか、解決していきたい社会課題などについて説明していきたい。

店舗スタッフと企業が抱えていた「大問題」

スタッフスタート構想のきっかけは、アパレルの店舗スタッフだった友人の「お前たちがやっているＥＣサイトなんて大っ嫌いだ」という一言だった。僕は元ギャル男で、若い頃にアルバイトをしていた有名日焼けサロンには、渋谷１０９のカリスマ店員などたくさんの店舗スタッフが来てくれていて友人が多くいた。僕自身ファッションが好きだったし、彼女ら彼らの愚痴や悩みをたくさん聞く中で、友人たちを救いたいと思ってＥＣサイトの制作や支援などを手掛けてきた。

でも、本来は企業や店舗スタッフの救世主になるはずのＥＣが、逆に店舗スタッフを苦しめているという現実にショックを受けた。なぜそんな不幸なことが起こるのか。当事者たちへ徹底的に話を聞くと、店舗スタッフと企業の課題や、その対立構造が見えてきた。

店舗スタッフが抱えていた最大の問題は、「ＥＣが原因で店舗にお客さまが来なくなった」と考えている人が多いことだった。ＥＣはお客さまにとっては便利なもので、企業やブランドとしては売り上げが伸ばせるし、うまくいけば収益性も高まる。しかし、店舗スタッフから見れば、「店舗の売り上げがＥＣに奪われる」としか感じられないし、会社がＥＣにリソースを振り向けることで「店舗の人員が削減される」と不安を抱いたり、実際にそれを目の当たりにしたりもしていた。当然、「給与も上がらない」という負の連鎖が起こっていた。

逆に当時、企業が直面していたのは、業績を上げるために、あるいは生き残るために「ＥＣを強化せねばならない」という危機感だった。ＥＣを強化する一方で、「店舗の売り上げが下がっている（＝店舗のリソースに余裕が出てきているはずだから、人を削減しよう）」「店舗の売り上げが下がっているから、給与は上げようがない」「採算性の低い店や将来性が見込めない店舗は閉鎖せざるを得ない」と、諦めを超えて開き直っているように

相対する店舗スタッフと企業の立場

店舗スタッフの考え	企業の考えと行動
①店舗にお客さまが来なくなった	①ECを強化せねば
②店舗の人員が削減される	②スタッフのリソースに余剰がある
③給与が上がらない	③仕方ない
④店舗売り上げがECに奪われる	④店舗を閉店させないといけない

店舗スタッフと企業の考えは、こんなにズレていた

さえ感じた。

そんな、真逆の方向性を持っていた店舗スタッフと企業の課題を一気に解決し、双方の要望を満たすコンセプトを掲げたのが、スタッフスタートだった。

まず、店舗スタッフ側の「店舗にお客さまが来なくなった」、企業側の「ECを強化せねば」という課題を解決するには、**「店舗スタッフがECに立てばいい！」**とひらめいた。お客さまがリアル店舗に来ないのであれば、店舗スタッフがECでも接客できるようにすればいい。ただ商品画像が並んでいるだけのECではなく、接客の概念を入れればECの強化にもつながる。

また、店舗スタッフ側の「店舗の人員が削減される」、企業側の「店舗スタッフのリソースに余剰がある」という課題に対しては、**「店舗スタッフの空いている時間をオンライン接客に使えばいい」**と考えた。これなら店舗の人を

減らす必要はない。むしろ、リアル店舗ならせいぜい1日数十人から数百人が精いっぱいだが、オンラインでは24時間365日、たった1人で何千人、何万人ものお客さまに接客できる。店舗スタッフの接客能力をネットの世界に開放し、拡張できるということだ。

店舗スタッフ側の「給与が上がらない」という悩みに対して、企業の多くが「(お客さまが来ないのだから)給与は上がらなくても仕方ない」と考えている問題は根深いものだ。でも、ここを解決しないと店舗スタッフにとっては「ECの仕事が増えるだけ」で、何の得もない。そこで、僕は「**店舗スタッフがオンライン接客をし、それをきっかけにECでモノが売れたら、売った『個人』の評価にすればいい**」と考えた。リアル店舗とECを比べると、ECのほうが利益率は高いことが多い。その分を店舗スタッフに還元する仕組みをつくれば、店舗スタッフは潤うし、企業側も損することはない。

この個人評価をベースにして、オンライン接客経由のECでの売り上げを「店舗評価」に使うことも可能だ。そうすれば、店舗スタッフ側の「店舗売り上げがECに奪われる」という懸念はなくなる。お題目ではなく、「店舗とECどちらで買ってもらってもいい」と店舗スタッフの気持ちが切り替わることが、OMOの成功には不可欠だ。同時に、「不採算店舗を閉店させなければならない」という企業側の課題に対しても、EC売り上げを加味すれば多くの店舗を採算ベースに乗せることができる。

こうしてスタッフスタートは、店舗スタッフと企業の双方の目線をそろえて、それぞれにメリットを提供できるよう設計してきた。ただ、何も難しいことばかりを考えているわけではない。やっていることは常にシンプルで、「**リアル店舗で求められていることを、そのままオンラインに置き換える**」ことだ。

基本的に、インターネットやIT化とは時間や距離、場所の制限をなくして、人々の生活を便利にしていくものだ。リアルにおける「手紙」や「店舗でのショッピング体験」「現金」「切符」は、それぞれオンラインの「メール、メッセージ」「EC」「クレジットカード、電子マネー」「スイカやパスモ」に置き換わった。

ただし、利便性が向上する一方で、オンラインはリアルのワクワク感や温度感、情緒といったものを失いがちだ。象徴的なのがECだろう。ともすれば、ECはいきなり自動販売機のように殺風景になってしまって、何が面白いのか分からなくなってしまう。だから、スタッフスタートでは、リアルでの「不」、不便や不満をオンラインで解決しつつ、利便性や効率化だけではない世界を目指してきた。具体的には、令和の時代ならではのリアルの面白さや素敵さ、温度感などをITに載せること。そのカギが、個性あふれる店舗スタッフの方々なのだ。

象徴的なのが、スタッフスタートのメイン機能である「コーディネート機能」。これは、まさに店舗スタッフの接客ノウハウをオンラインで生かそうとして最初に生まれたサービスだ。僕としては、単に素敵なスナップ写真をＥＣに並べたいわけではなく、信頼できる店舗スタッフならではのコメントをしっかりと見せていくことで、店舗スタッフの「センスをＤＸ（デジタルトランスフォーメーション）したい」という発想が強かった。

ＥＣに対してリアル店舗の優位性は、試着室の存在が大きい。店舗スタッフが商品や着こなしを提案し、試着してもらう。それが似合えば買ってもらえるし、さらにコーディネートを提案してセット購買につながったりもする。一方で、ＥＣでは試着できないのが購買を阻害する大きな要因になっていた。それを変えたのが、店舗スタッフによるコーディネート投稿だ。自分に体形やセンスが似通った店舗スタッフを探せて、その店舗スタッフがＥＣ上で「疑似試着」してくれている。そんな状態をつくり出せたことが、ＥＣでの買い物をより楽しいものに変えたのだと思う。

このように僕は、リアルとオンラインを比較しながら、リアル店舗での接客要素を分解し、その中からＥＣやオンラインでお客さまが求める要素をピックアップしてスタッフスタートをつくってきた。では、スタッフスタートが店舗スタッフの在り方にどのような変化をもたらすのか、詳しく見ていこう。

なぜ「店舗スタッフ起点のOMO」が必要なのか？

スタッフスタートが企業・ブランドに提供する最大の価値は、店舗スタッフのモチベーションを高めながら、「店舗スタッフ起点のOMO」を実現し、売り上げを拡大していくことだ。店舗スタッフがオンライン接客をするメリットを分解すると、次の大きく3つの要素に分かれる。

①オンライン上でも店舗スタッフへの共感が生まれる
②お気に入りの店舗スタッフからECで買う「指名購入」が発生する
③店舗スタッフにリアルで会うための「指名来店」が生まれる

この3つのサイクルを回してオンライン上でも店舗スタッフのファンを増やしていくことで、ＥＣの購買体験はがらりと変わり、リアル店舗での集客にもつなげられる。

まずは「**①店舗スタッフへの共感**」がなぜ必要なのか。従来のＥＣは商品画像とその説明を掲載するのが一般的だったが、店舗スタッフのコーディネート投稿がお客さまの共感を呼ぶことで、ぐっと購入につながりやすくなる。

その理由の1つが、「リアリティー」があるということだ。ブランディングを重視するといいながら、モデル、特に高身長の外国人モデルなどに着用させた写真は素敵に見えるけど、お客さま自身が着たときのイメージとは乖離（かいり）しがちだ。それよりも店舗スタッフが着用することで、お客さまは身近さを感じて共感を生むことになる。

2つ目が「バラエティーの豊富さ」だ。1つの商品でも、その商品を着用してコーディネート投稿している店舗スタッフの数だけお客さまへの提案がある。そのため、「自分もこんな着方をしてみよう」といった共感ポイントが必ず見つかる。そして3つ目が「マッチング」だ。お客さま自身の身長や体形、ファッションやメイクのタイプ、カラー診断などの条件に応じて、お客さまのニーズに合った店舗スタッフ、コーディネート投稿に出会える。

こうして生まれた店舗スタッフへの共感をベースにして、次に起こる重要なポイントが、「**②指名購入**」だ。店舗スタッフのタイプやコーディネートなどを気に入ったら、お客さまは次も同じ店舗スタッフの投稿を見てくれるようになる。EC上でも店舗スタッフ個人にお客さまが付く状態だ。

インスタグラムから自社ECに飛んでくることもあるし、逆に自社ECのスタッフページに掲載したインスタグラムのアカウントをフォローしてもらうケースもある。単なるファッションの着こなしだけではなく、SNSからそのスタッフの人柄やライフスタイルを知ることで、よりファンになってもらえる。そして、お客さまは「この人から買いたい」と、指名買いをすることになるわけだ。

実際、**スタッフスタートを利用する店舗スタッフの3人に1人が指名購入するお客さまを持っている。**こうしてファンが付き、スタッフがインフルエンサー化し、発信した情報に対してアクションを起こしてくれるファンが増えていくことになる。

そうしてオンライン上でも強固なファンのベースを築くと、お客さまはSNSにコメントをくれたり、ECで購入したりするだけではなく、店舗スタッフに会いに来てくれるようになる。「**③指名来店**」だ。すでに多くの店舗スタッフは、インスタグラムで出勤簿を

店舗売り上げの100倍売れるスタッフも誕生

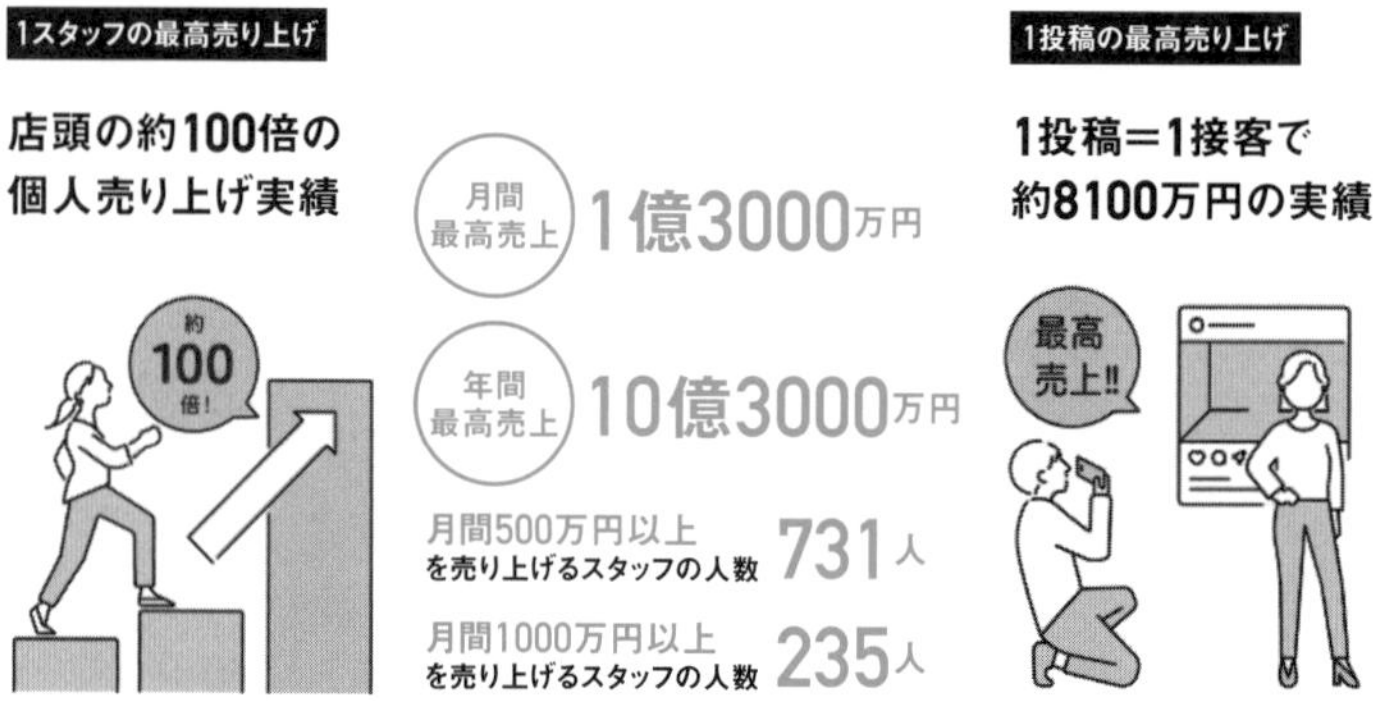

提示したり、ヘルプで行く店舗を告知したりと、ファンが来店しやすいよう工夫している。実際、人気の店舗スタッフがヘルプに入った店舗で１日の最高売り上げを更新した例もある。

つまり、オンライン上でつくったファンとのつながりは、必ずリアル店舗にも還元されるのだ。特にｗｉｔｈコロナの時代には、ウインドーショッピングをしたり、何店舗もふらりと入って商品を探したりするよりも、事前に行く店を決めて訪問することが多くなっている。指名来店はリアル店舗への集客という意味でも、ファン化という意味でも、より重要さを増している。こうして店舗スタッフのインフルエンサー化を進めることが、ＯＭＯを成功させる近道となる。

実際、ここまで説明してきた３つのサイクルのインパクトは絶大だ。すでに**スタッフスタート経由のEC売り上げで1スタッフの最高記録は月間1億3000万円に達している。**これは店頭の約100倍もの実績だ。ここまでいかなくても、月間500万円以上のスタッフは731人、月間1000万円以上は235人もいる。店頭に立つだけでは絶対に達成できない売り上げを多くのスタッフがたき出している。ちなみに、1回のコーディネート投稿経由のEC売り上げは約8100万円が最高記録となっている。

スタッフスタートが変えた小売り「3つの進化」

「店舗スタッフへの共感→指名購入→指名来店」の無限ループを回し続けてスタッフ起点のOMOを実現するために、これまでスタッフスタートは機能拡張を続けてきた。今度は、「**EC買い物体験の進化**」「**リアル店舗体験の進化**」「**評価の進化**」という3つの軸で、どのような機能をなぜ実装してきたのか、説明していきたい。

まず、「**EC買い物体験の進化**」について。メインのコーディネート機能はこれまで説明してきた通りで、簡単に言えば店舗スタッフの「センスのＤＸ」を実現し、ＥＣの買い物体験を変えてきた。それと同じく、店舗スタッフの「知識のＤＸ」をする意図で導入したのが、「まとめ機能」だ。これは、シーンやテーマに合わせて店舗での人気情報や商品テーマの深掘りなどのお薦め特集記事を店舗スタッフがＥＣ上に簡単に作成・投稿できるようにするもの。販売現場の肌感覚をＥＣに落とし込もうという発想だ。

実は最初にＥＣサイトのつくり方でおかしいと感じていたのが、特集企画だった。商品やマーケットのことをよく知らないＥＣ担当者が特集企画をつくっているのを見て、僕は違和感しかなかった。もちろん、商品についてはバイヤーやデザイナーも詳しい。しかし、店舗スタッフは日々の接客の中で、お客さまがどういうシチュエーションのときにこの商品を着たいのかや、家族構成から通っている学校、仕事場の雰囲気、生活スタイルまでをヒアリングしたうえで最適な商品を提案している。また、今シーズンのトレンドや、同じ商業施設に入っている多くの店舗の売れ筋や価格帯といったリアルな情報も持っている。

だから、彼女ら彼らが実際に店頭でディスプレーをつくるのと同じような感覚でＥＣの特集をつくるのが一番理にかなっているし効果的なはずだ。そのため、まとめ機能では、「今履きたいデニムまとめ」「今春のトレンドカラーはこう着る！」「１週間着回しコーデ」など、テーマを設定してブランドごと、カラーごと、コーディネートごとでまとめページをつくれるようにしている。ユーチューブ動画も貼り付けられるし、後にコーディネートや商品バーコードをスキャンして、簡単に投稿写真とひも付けられる仕様になっている。

一方、店舗スタッフの「リアルな体験のＤＸ」をしているのが、「レビュー機能」だ。アマゾンなどではユーザーレビューがお客さまの購入の意思決定において重要な役割を果たしているが、アパレルや嗜好品のような人によって価値観が異なるものに対して不特定多数のレビューは参考にしにくいし、企業やブランド側も喜ばない。ならば、**信頼と経験がある店舗スタッフがリアルに体験したことをレビューとして書くほうが、説得力を増すし、お客さまにも役立つ**と考えた。

例えば、コーヒーやワインは単にボトルやカップを撮影しても、似たような画像になりがちだ。けれど、どんな味かを店舗スタッフの体験を基にデータ化して発信すると、途端に情報が豊かになる。特に画像を通じて伝えにくいこと、食べて味わう、匂いを嗅ぐ、触るといったことの「代理体験」をプロの目線で伝えることは意味があると考えた。ゴルフクラブなら飛距離や操作性といった指標で商品体験を数値化し、お客さまにとっての見やすさも担保しながら、プロの店舗スタッフの経験値をオンラインに落とし込むのが核心だ。

もう一つ、ECの買い物体験の進化に必要と判断したのが、「PLAY（動画）機能」だ。これも、単に「次は動画の時代だから」といった理由で付け加えたものではない。例えば、アパレルで着用方法を解説するだけの動画は本当に意味がないが、テントの組み立てや家電の使用方法など、ジャンルによってはプロセスを伝えたほうが有効な場合もある。苦労して複数の画像で伝えても、お客さまは説明書を読んでいる気分になってしまうので、動画で見せたほうが分かりやすいし印象に残りやすくなる。

つまり、やりたいのは「商品説明のDX」だ。副次的な要素としては、動画では店舗スタッフの人間性をよりリッチに表現できるから、個性化やキャラクター化の一環として活用するのもいいと考えている。

続いて、スタッフスタートはECの進化のみならず、「**リアル店舗体験の進化**」も実現してきている。OMOを推進するといっても、せっかく来店してくれたお客さまがショールーミングだけで帰り、後でECで買うのでは、店舗スタッフにとっては消化不良の状態になる。お客さまにとっては自然な行動なのに、店舗スタッフが店に売り上げをつけたいからとその場での購入をごり押しするようなことがあれば、リアル店舗での体験価値は大きく下がる。

これを解消しようと開発したのが、「店舗接客機能」。店舗で買い回り中にお客さまが気に入った商品の情報を店舗スタッフがQRコード化し、お客さまのスマートフォンにECの商品URLをすぐに送れるサービスだ。この発行したQRコードを経由してECで買い物してもらうことで、「誰が提案・お薦めした商品なのか」が分かり、個人のEC売り上げとして計上できる。つまり、**店舗スタッフの接客が無駄にならず、「ECで買ってもいい」とフラットに構えられる機能**だ。

一方、お客さまにとっては、リアル店舗ですぐに買わずとも、後でゆっくり他の商品と比較検討したり、値下げまで待ったりして、自分の良いタイミングで購入できる。こうしたストレスのない店舗体験を実現することで、すでにベイクルーズではQRコード経由の売上高だけで月間2000万円を超えるなど、実績も上がっている。

この店舗接客機能は、僕が実際に嫌だなと感じた購買体験から導かれたサービスでもある。いろいろな店を見ながら移動していくと、「やっぱり最初の店の商品を買いたい」となることがしばしば。でも、一緒にいる友達の手前、残念ながら歩いて戻ろうとは言い出しにくい。それに対して、いろいろな店舗で気に入った商品の「お気に入り」リストを簡単につくっていき、戻らなくてもＥＣで購入できるようになれば、顧客サービスとしても良いものになると思った。

実際導入してみると、日本人は店頭で商品やタグなどの写真を撮ることに抵抗感のある人々もいるため、店舗スタッフからＱＲコードを送ってもらえるのがうれしいという声もある。同時にお客さまの手元にはお気に入り商品のログが、店舗スタッフには顧客情報が残され、その後の購買にもつながりやすくなるというメリットがある。

もう一つ、解決したかったのが、「客注・取り寄せ」問題だった。訪れた店舗に在庫がない場合、「他店にあるか確認します」と長時間待たされたり、「別の店に1点あるのでそちらに行ってもらうか、取り寄せますので3日間かかります」など、全くお客さまファーストではない状態を正したかった。店舗スタッフとしては、自分や自分のお店に売り上げをつけたいので、取り寄せを勧めることが多い。そんな面倒をお客さまに強いるなら、ＥＣで簡単に買えるようにすればいいという発想だ。

さらに問題だったのは、商品を店舗間移動させるコストだった。通常の店舗間のダイレクトの物流ルートなどに載せられればたいしてコストは発生しないが、宅配便を使ったり、Ａ店からＢ店に向けて一度倉庫に入ってから再出荷したりすると、余計なコストがかかってしまう。そんな手間をかけて取り寄せ・取り置きしておいたのに、後日お客さまに「やっぱりいりません」とキャンセルされてしまったら、機会ロスにもつながる。やはり、店舗スタッフがフラットな状態でECでの購入も勧められるのが、リアル店舗の体験も良くすることにつながる。

ちなみに店舗接客機能では、「試着が少し面倒」というお客さまがいるときなどに商品の下げ札をスマートフォンで読み取ると、その商品のコーディネート投稿をずらりと見せることもできる。身長がこれくらいの人が着たときにはどうなるのかなど着用のイメージが湧きやすくなるし、コーディネート提案の幅も広がる。店舗スタッフごとの接客レベルの差を解消する役割も果たしている。

こうしてリアル店舗での体験を良くしていくと、次はせっかくファンになってくれたお客さまとデジタルでつながり続けることが課題となる。店頭での接客時にEC上の自身のコーディネート投稿を案内して、フォローしてもらうことは基本として、さらに熱烈なファンに対してのサービスも必要と考えた。それが、LINEと提携して2021年11月から開始した「LINEスタッフスタート」の仕組みだ。

以前は電話やメール、最近ではLINEやチャットなどを通じてお客さまとやり取りするケースが増えている。ただ、プライベートなＬＩＮＥアカウントを教えるのはＮＧという企業もある。そこで、オフィシャルのＬＩＮＥアカウントを提供して店舗スタッフがお客さまと直接つながれるようにした。上顧客に対してスタイリングの個別提案をしたり、友だち登録してくれたお客さまに一斉送信でスタッフクーポンを送れたりする。店舗スタッフや企業にとっては、ＬＩＮＥに顧客名簿ができるわけで、貴重なマーケティング＆コミュニケーションツールとして活用が進んでいる。

最後に、僕が一番成し遂げたかったことが、**「評価の進化」**だ。店舗スタッフは総じて薄給で、そもそも目指すのをやめてしまう人や、憧れて入ったものの現実を知って辞めてしまう人も少なくない。だからこそ、正当な評価を実現することは店舗スタッフ起点のＯＭＯには欠かせない要素となる。店舗スタッフのモチベーションアップを通じて、「ＥＸ（エンプロイーエクスペリエンス＝従業員の成功体験）」を向上していくことこそが最も重要だ。そのためには、企業や本部から指示・命令するだけではダメで、オンライン接客による貢献がきちんと会社から認められ、賃金やインセンティブという形で企業から評価されることが必要だと考えてきた。これを**僕らは「評価のＯＭＯ」と呼んでいる。**

僕がスタッフスタートの営業をしていた際に企業のトップや経営者に伝えたのは、「外部のインフルエンサーに売り上げの10％を払うよりも、店舗スタッフの方々に3％還元したほうが自社にノウハウがたまります」ということだ。他にも、「御社の中にも、SNSで1万とか3万とかフォロワーを持っている店舗スタッフはいませんか。その方々を集めたら、インフルエンサーに勝てますよ」「店舗スタッフのモチベーションが確実に上がります」と提案してきた。

その結果、**すでにスタッフスタート導入企業の7割が、店舗スタッフのオンラインでの活躍を表彰、またはインセンティブ（報酬）付与という形で評価している。**インセンティブはスタッフスタート経由のEC売上高の3％程度がほとんどで、最大7％も店舗スタッフに還元している企業もあるほどだ。

先ほど、スタッフスタート経由で月間1000万円以上売り上げる店舗スタッフが235人もいることをお伝えしたが、7％還元されるなら月70万円も収入が増えることになる。もちろん、それだけの売り上げをたたき出しているのだから、もらい過ぎということはなく、正当な評価だ。実際、**インセンティブ導入企業は、未導入企業に比べて店舗スタッフのコーディネート投稿経由の売上高が143・6％と大幅に高くなる**結果も表れている。

ＥＣの売り上げアップというド正論だけではなく、課題だと思っていたものの、なかなか効果的な打ち手がなかった「店舗スタッフ問題」を突いていったことが、社長たちには響いたようだ。それまで店舗スタッフのオンラインでの貢献評価に真剣に取り組んだり、実際に給料が上がったりという点で目覚ましい成功実績はなかったので、僕が「パンドラの箱」を開けたのかもしれない。

店舗スタッフのモチベーション向上に寄与するのは、インセンティブだけではない。スタッフスタートでは、自身のコーディネート投稿経由のＥＣ売上高やその自社・ブランド内ランキングに加え、店舗売上高やＳＮＳ集客売上高なども分かるようにしている。自らの実績が可視化されることで、自分の仕事を見つめ直すきっかけとなり、周りのできる店舗スタッフのやり方を研究する意欲も湧いてくる。こうして店舗スタッフ全体のレベルアップが進むのだ。もちろん、それはリアル店舗での接客にも生きてくる。

現在、ＥＣの売上高が全体の3～5割を占めるなど、ＥＣ化率の高い企業・ブランドも増えてはいるが、多くはリアル店舗の売り上げが7～8割を占めているのが実情。そんな中でＯＭＯを推進するとなると、いまだにオンラインから店舗への送客という一方通行の考えになりがちだ。

でも、これまで説明してきた通り、必要なのはそういうことではない。**店舗スタッフの力を借りて成長分野のECを正しく伸ばし、同時にリアル店舗の体験も進化させることが重要**だ。その前提として、「評価のOMO」を実現して店舗スタッフが安心して働ける環境をつくることが求められる。

店舗スタッフの賃金アップ、地位向上が急務

店舗スタッフと企業の対立する課題を解決し続ける中で、スタッフスタートは社会課題の解決にも寄与できるという手応えを感じている。今、特に国内で社会問題になっているのは、労働人口の減少による雇用問題と賃金の問題だ。同時に働き方改革もしていく必要がある。

23年3月現在、世の中はインフレ傾向になっていることもあり、「賃上げ」に注目が集まっているが、そもそも日本の国力自体が低下してしまっている。例えば、少子高齢化に歯止めがかからず、現在約6500万人いる労働人口は、2050年には4500万人ま

で減少すると予測されている。そんな働き手不足の中で、ホワイトカラーに比べて賃金が低く抑えられている店舗スタッフとして働こうという人々がどれくらいいるのだろうか。

まずは、**店舗スタッフの働く環境や働き方を良くしなければならない**。ママになったら働けない、結婚や介護で地方に引っ越すことになったときに、まだ働く意欲があるのに首を切られる世の中は最悪だ。せっかくインターネットがあるのだから、全国どこにいても働けるようにすればいい。スタッフスタートを活用してオンライン接客をすることで、全国のお客さまにアプローチして誰でもどんな環境でも仕事が続けられるようになればいいと考えてきた。

実は、僕は店舗スタッフとお客さまとの相性について、以前から違和感を持っていた。それは全国に店舗があり、何十万人もの店舗スタッフがいる中で、自分の居住地や生活圏から通える店でたまたま出会ったお客さまとの間だけで関係性が閉じてしまうことだ。福岡の店舗に勤めていても、札幌のお客さまに商品提案のセンスがずばりはまることもあるだろう。お客さま側でも、全く同じことが起きるはずだ。これまでリアルでは出会えなかったけど、相性が抜群にいい店舗スタッフとお客さまのマッチングができたら、もっとECは楽しくなるし、店舗スタッフの働き方も自由になる。

地方店舗のスタッフはポテンシャルが高い

1人当たりの年間平均売り上げが高い地域

※2021年9月〜2022年8月 全国の店舗スタッフが対象
※所属都道府県における年間売り上げ / 所属都道府県スタッフ数

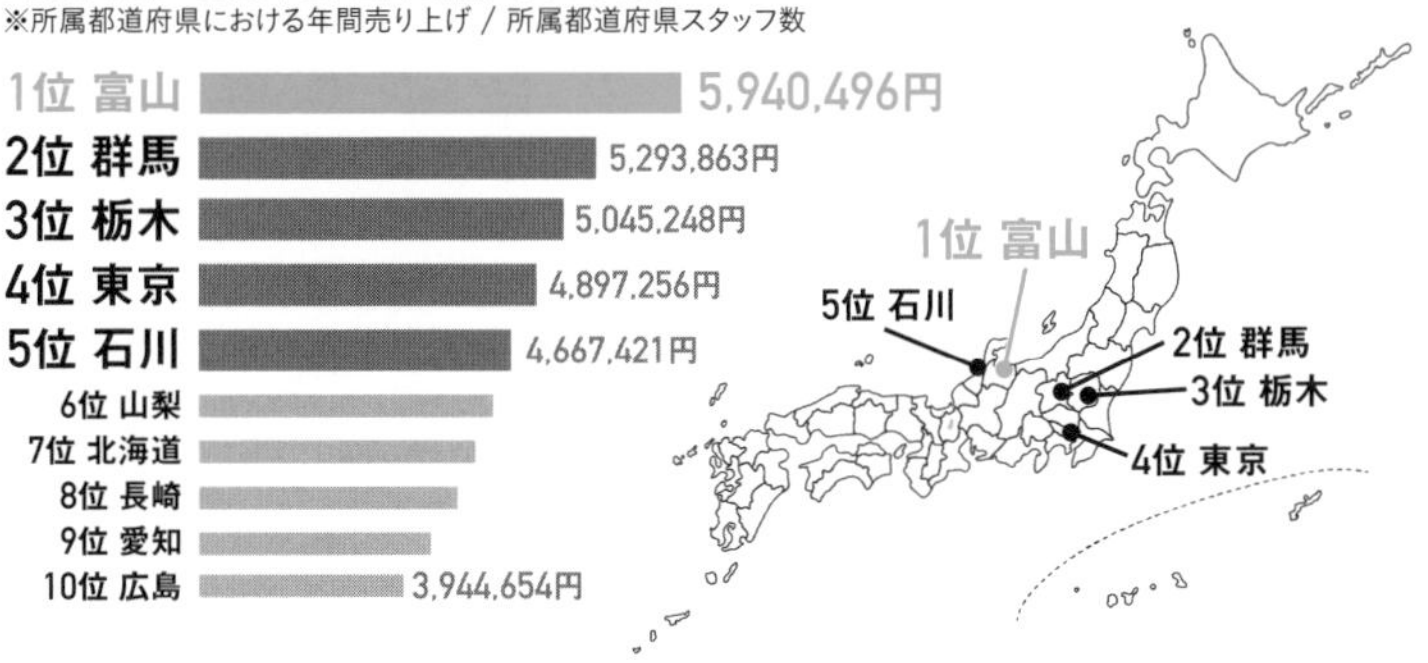

地方の店舗スタッフのポテンシャルが高いことが証明されつつある

地方の過疎化は進んでいるが、**地方店や郊外店は都心店に比べて来店客数が少ないことが多いので、実は投稿を量産するには適している。**それだけオンライン接客で成功する可能性が高いということだ。

実際、地方にいてもしっかり稼げる店舗スタッフが続々と登場している。スタッフスタートを活用する全国の店舗スタッフを対象にした調査（21年9月〜22年8月）では、1人当たりの年間平均売り上げが高い地域として、1位が富山県、2位が群馬県、3位が栃木県、4位が東京都、5位が石川県となった。1人当たりの売り上げは富山県が平均約594万円、これは4位の東京都に約100万円の差をつけている。これからの小売りの成功条件は、ロケーションではない。地方の店舗スタッフには売り上げ成長余力が大きい。そんな結論にもつながる。必然的に店舗スタッフも場所に縛られる必要はなくなるはずだ。

スタッフスタートによって円滑かつ効率的に、好きな時間や隙間時間に、24時間オンライン接客ができることで、店舗スタッフもお客さまも企業もみんながハッピーになれる。そして、リアル店舗があることの重要性を改めて感じてもらえるはずだ。店舗スタッフがECでも活躍することで、閉店しなくていい店が増え、雇用が続く。さらに、地方でカリスマ店員が頭角を現すことで、遠方からでもお客さまがリアル店舗を訪れてくれて、商業施設も盛り上がり、地方活性化にもつながる。実際すでに、僕らの想像を超えて幸せになってくれている人が増えている。

平成のカリスマ店員の時代と違って、「令和のカリスマ店員」は渋谷109だけにいるわけではなく、その「原石」が全国に存在している。誰でも令和のカリスマ店員になれる時代であり、そのための手段を僕たちは提供している。いたずらに店舗を潰すのでは、彼女ら彼らの活躍の場を奪うことになる。スタッフスタートがもっと世の中に浸透していけば、都市部から地方へのIターンや、地元に帰って仕事を続けるUターンも活発になり、雇用が増えることで地方創生にもつながると信じている。

もう一つ、僕らが目指しているのは、**「店舗スタッフの富と名誉を高めること」**だ。賃金を上げ、店舗スタッフの地位向上を図ることで、多くの学生が憧れる存在、具体的には「なりたい職業ランキング」の上位に店舗スタッフを復活させたい。そのためには、まず賃上げを実現して、他の産業や職種に比べて魅力的な収入を得られるようにならないと、早晩見向きもされない仕事になってしまう。

幸い、評価のOMOの概念は多くの導入企業が支持してくれて、まだ完全ではないが、店舗スタッフへのインセンティブの還元は進みつつある。そうして富の部分で貢献できるようになったら、次は店舗スタッフの名誉を高めていく必要があると考えた。

それは、なぜか。このままではリアル店舗が死ぬからだ。店舗スタッフが雇えなくなったり、なり手がいなくなったりすると、代替技術としてロボットやAI（人工知能）の導入が進むだろう。しかし、「おもてなし」は店舗スタッフだからこそ実現できるものだ。レジ業務や品出しがロボットに置き換わるのは歓迎するが、ロボットやAIにおもてなしができるようになるのは相当な時間がかかるだろうし、できたとしてもお客さまがぬくもりを感じるサービスになるかどうかは怪しいところだ。

そんな将来も想像できる中で、現状の店舗スタッフは「誰でもなれる仕事だよね」などと、地位が低く見られているのが本当に残念だ。リアルでもオンラインでも、お客さまと接する最重要なポジションであるはずなのに、現場の仕事が軽んじられている。そう感じた僕らは、「店舗スタッフを極めた人はすごい」ということを世の中へ積極的に発信していくことにした。それが、**21年から始めた令和のカリスマ店員を決めるオンライン接客コンテスト「スタッフ・オブ・ザ・イヤー」**だ（23年は5月より一次審査を開始し、9月に最終審査を開催）。

この大会はほとんど僕の独断専行で決めたのだが、結果、とても良い効果を社内外にもたらしている。22年に開催した2回目の大会には、所属する店舗やブランド、さらには全社を挙げて威信をかけて取り組んでくれる企業も確実に増えてきたし、参加する店舗スタッフの熱量もうなぎ登りに上がってきた。

ユナイテッドアローズ創業者の重松理名誉会長は、「小野里社長から店舗スタッフの社会的地位を高めるのだという強い思いを聞き、なんとか応援したいと思って」と初回、2回目ともに最終審査の場へ駆けつけてくれた。そして、現場で頑張るすべての店舗スタッフたちにこんなエールをいただいた。

「私は店舗スタッフの先輩で、販売職をスタートしてから2022年で45年がたちました。

販売の仕事はすばらしい仕事です。仕入れやマネジメントなどいろいろな仕事がファッションビジネスにはありますが、やっぱり一番の感動を自ら得られるのが販売の仕事。店舗スタッフは経験をバックボーンにお客さまに合った形でサービスの提供につなげていくわけですが、最終的にお客さまにお買い上げいただき、最後に本当に満足していただくと、『ありがとう』と言っていただける。販売職以外の仕事もいろいろやりましたが、販売職以上にこんなに感動できる仕事はないと思う」

これは、まさに僕らが声を大にして世の中に伝えていきたいことだ。オンラインとオフラインを股にかけた店舗スタッフの活躍なくしては、もはやリアル店舗の窮状は救えない。担い手不足や賃上げなど、喫緊の社会課題から目を背けるのは簡単だ。しかし、そこに未来はない。「やらない理由」を探すのはやめて、店舗スタッフと共に前に進んでいこう。世の中のムードをそんなふうに変えていくのが、僕らの使命だ。

column

「令和のカリスマ店員」を決める!

スタッフ・オブ・ザ・イヤーは、オンライン接客を含めたOMOを強く意識したロープレの仕様になっているのが特徴だ。21年の初回の仕組みとしては、1次審査はスタッフスタート経由のEC売上高やインスタグラムのフォロワー数で、全利用スタッフ7万人(当時)の中から上位400人に絞り込んだ。2次審査では売り上げ、フォロワー数、さらには特設サイトでの一般からの応援投票を加味して15人を選考。延長投票で復活した3人を加えた18人が、ファイナリストとして大会のステージに登場した。

初回の応援投票の総数は実に1800万票に上った。これだけの一般のお客さまやスタッフ、仲間たちに後押しされてステージに立つことができた彼女・彼らは、まさに販売のプロフェッショナルたちだ。そして、2回目となった22年は、一般に向けたライブ中継も行い、その視聴者数は19万人に達した(当日のみ)。

21年に参加した7万人のアパレル店舗スタッフの頂点に輝いたのは、バロックジャパンリミテッド「リエンダ」の村岡美里さん(肩書は当時)。22年にはアパレル1300ブランド、8万人の中からビームスのHeg.(ヘグ)さんが見事王座を獲得した(いずれも

21年に初開催した「スタッフ・オブ・ザ・イヤー」の一幕。写真はこの年のグランプリに輝いたバロックジャパンリミテッドの村岡美里さん

第5章で、その販売テクニックを披露してくれている)。

上位入賞者には賞金だけではなくいろいろな体験も提供しているが、2回目の賞金・体験は、グランプリには300万円相当の賞金と副賞として「バイマ」で使える20万円分のポイントが、準グランプリには100万円相当、3位には50万円相当、4位には30万円相当、4位には20万円相当が贈られた。この上位5人は渋谷のセンター街にある街頭広告の出演権も獲得した。

スタッフ・オブ・ザ・イヤーの審査員は、パリコレモデルを務めたこともあるタレントのアン ミカさん、ファッションエディターでスタイリストの大草直子さんなどに務めていただいた。アン ミカさんは2回連続で審査員を務めてもらったのだが、すべての店舗スタッフにこんな言葉を投げかけてくれた。

「私はパリコレのオーディションで落ちまくっていた中で、店舗スタッフさんと信頼関係を築き、最高に似合う白い服を選んでもらうことでオーディションに受かりました。**アパレルの店舗スタッフさんには人の人生を変える力があります。**今日それをさらに確信しましたし、楽しみながら、人生が変わったという言葉を喜びにしながら、この仕事に誇りをもって年齢関係なく生き生きと人生の一部にされているみなさんの情熱と愛を見て、本当に素晴らしい仕事だなと改めて感謝の気持ちを持ちました。一生懸命と愛に勝るものはありません。(コロナ禍もあり)人と人との関係が少し希薄になっていると感じる中で、店舗スタッフさんはそれを大事にし続ける仕事。これからも喜びをもって人と人の関係やファッションの素晴らしさを紡いでいっていただきたいと思います」

また、人気スタイリストの大草直子さんは、「最終的に服に込めたメッセージや美しさ、豊かさといった価値観をお客さまへお伝えして手渡していただくのは店舗スタッフさんたち。**ブランドと消費者の方々をつなぐ重要なメッセンジャーであり通訳者、翻訳者である店舗スタッフの方々のことはいつもリスペクトしています**」と日ごろ抱いている思いを語

2回連続で審査員を務めてくれたアン ミカさん

ってくれた。

僕たちは、一部の営業担当者など以外、ほとんどがシステムの画面ばかり見て仕事をしている。だから、一生懸命「スタッフのみなさんのために」と思って仕事をしているつもりでも、ついその意識が薄れてしまいがちだ。それが、スタッフ・オブ・ザ・イヤーに挑戦してくれた多くの店舗スタッフの方々はもちろんのこと、その後ろに彼女ら彼らを支える店舗やブランドの仲間たち、そして、何万人ものお客さまや家族など大切な人々がいることを改めて思い出させてくれた。社員もみんな感動していたし、我々バニッシュ・スタンダードのインナー教育の役割も果たしてくれている。

村岡さんやＨｅｇ．さんみたいに店舗スタッフの頂点に立った人は、とてもまれな存在だけど、それでも、まだまだ彼女たちのような人が全国の販売現場に埋もれていると思う。そのパワーをどうやって世に輩出させられるか、さらにカリスマが出てくるような仕掛けを考えていきたい。

例えば、村岡さんやＨｅｇ．さんなど、過去のファイナリストたちが一堂に会する場所があればすごく面白いと思うし、ラップバトルみたいな「レジェンドたちと対決」する企画があってもいい。アパレルだけではなく、他の業種も含めて、どのような形で審査や大会運営を行うのかアイデアを練りながら、スタッフ・オブ・ザ・イヤーは今後も開催し、スタッフや業界を盛り上げていきたいと思っている。

また、実は22年12月、僕たちバニッシュ・スタンダードが発起人になり、店舗スタッフの価値向上を目指す「スタッフＥＸプロジェクト」を発足した。スタッフスタートを通じて蓄積したデータやノウハウを活用し、小売り・サービス系などの賛同企業・ブランドと一緒に店舗スタッフのＥＸ（従業員の成功体験）向上に取り組んでいく。

chapter

3

元ギャル男社長が渋谷のストリートで学んだこと

僕は渋谷のストリートで育った、元ギャル男で、元ＤＪだ。人を喜ばせることが好きで、仲間を大切にする思いは人一倍強い。そんな僕のキャラクターがスタッフスタートにも色濃く反映されているので、ここでいったん僕という人間の成り立ちを知ってほしい。

生まれは群馬県前橋市。ヤマダデンキやメガネのジンズの創業地で、一回り上の先輩には、「ア・ベイシング・エイプ」の生みの親で現在は「ヒューマンメイド」の創業者兼デザイナー、「ケンゾー」のアーティスティック・ディレクターも務めているＮＩＧＯさんがいる。

実家は建設業を営んでいて、比較的裕福な家庭で育った。群馬の中でも割と大きな企業で、図書館に行くと小野里家の歴史が書かれた本があったほどだ。

僕は次男坊。下に妹がいて、兄貴はエリートタイプで勉強もよくできた。だけど、僕は何にも考えずに生きていた。成績が悪すぎると怒られるから、ほどほどに勉強して偏差値55ぐらいを維持。栃木県にある日本大学の付属高校に通いながら、「バンドマンになるんだ！」とギターに熱中していた。

なんとなく父親の会社の調子が悪そうだなと感じてはいた。それが高校2年生、17歳のときに突然、本当に事業をたたむことになってしまって。思い返せば、「起業して成功したい！」と思ったのも、この体験が良くも悪くも関係している気がする。

そんなことがありつつも、大学はエスカレーター式に日本大学へ内部進学させてもらった。大学生活は、東京・世田谷の千歳船橋にある群馬県人だけが集まる家賃1万5000円と格安の学生寮がスタート。そこはすごい体育会系で、4年生は「神」、3年生が「王様」、2年生は「鬼軍曹」、そして、1年生は……。東大生から五流大学まで、本当にいろいろな人がいたし、ヤンチャができる最後の時代だった。

そんな環境にドン引きする人もいる一方で、僕は逆に楽しくて「ここでのし上がっていこう！」と。入学2週間目には早速大学に通わなくなった……。その後、大学2年のときに中退。寮を出てアルバイト生活を始めることにした。

やったのは、原宿にあるカラオケ館のキャッチ。隣のライバル店に入りそうなお客さんを引き留めて、「モノマネします！笑ったらカラオケ館に入ってください！」と。面白いと評判になって、隣のライバル店が潰れたほどだった（笑）。当時は固定給だったけど、「もっと出すからうちに来い」と、アルバイトなのに何社もスカウトが来た。

次に働いたのが、六本木の人気ディスコ・クラブ「ヴェルファーレ」だった。入ってみたら、ここもすごい縦社会。年齢ではなく、入社順。当時僕は20歳で夜の業界のしきたり

僕（小野里）のギャル男時代……（写真左）

や、この世界の厳しさ、人を喜ばせることの素晴らしさ、エンターテインメントとはなど、いろいろと勉強させてもらった。今につながる人脈も培えた。

その中で再度自覚したのが、僕は「人を喜ばせることが好きだ」ということだ。ヴェルファーレにおいて誰が一番人を喜ばせているのかと分解していくと、中心パーソンはＤＪであり、彼らが空気をつくっていることに気付いた。僕は早速、仲間内でＤＪの練習を始め、徐々に渋谷、新宿、六本木の小さい箱で回せるようになっていった。22歳ごろまでは、遅れてきた青春・部活動をやっていた。

最大の転機となった日サロでのバイト生活

並行して、渋谷のギャルとギャル男の聖地だった「ブラッキー」という日サロ（日焼けサロン）の店員としても働いた。1990年代後半からギャルブームが台頭し、2000～05年ごろになるとギャル男もはやっていた。僕もモテたい一心で一生懸命日焼けするため、ブラッキーに毎日通った。そうするうちに、夜はヴェルファーレで働きながら、昼を中心にブラッキーで掛け持ちバイトをするようになった。暇な時間はギャルやマンバと一緒に渋谷センター街にいたり、パラパラの練習をして全国選手権にも出たりしていた。

これが、僕にとって今につながる本当に大きな転機だった。ブラッキーには、ギャルの聖地だった渋谷109（マルキュー）の店員さんがたくさん来てくれて、自然と仲良くなった。ファッション業界の友達が増え、話を聞いたり、相談に乗ったりしているうちに、アパレルの現場の子たちの仕事がすごくよく見えるようになった。

22歳になり、本来なら大学を卒業する年齢になったとき、このまま僕はDJを続けていくべきかどうか自問自答した。正直、音楽は好きだけど、ノリと勢いと元気で観客を盛り上げていただけで、プロのDJとしてトップになれるほどの自信はなかった。

ならば何をするべきか。僕は自分を育ててくれた渋谷のヤングカルチャーやエンタメという素晴らしい世界を広げていくこと、伝えていくことができたらハッピーだと考えた。そんなとき、兄貴と話したら、「これからはネットの時代だ」と教えられた。当時、パソコンなんて触ったこともなかったけど、兄貴は「自分でホムペ（ホームページ）をつくれるようになったら、おまえや友達の活動をサイトに載せて世界中に広げられるじゃん！」と。僕は早速、渋谷のデジタルハリウッドに通うことを決めた。

入学当初はパソコンのキーボードも人差し指で押すぐらいで、フォトショップやＨＴＭＬはまだしも、ＭｙＳＱＬやＰＨＰといったスクリプト言語は「宇宙語か？」と思うくらい難解で。それでも、デジハリに通うギャル男は皆無だったし、持前の元気さもあって先生など大人がみんなかわいがってくれてありがたかった。当時は超落ちこぼれだったけど、22年には学長賞もいただいた。卒業生インタビューを受けたときに「デジハリ卒業生の中で一番優秀な人」と言われてすごくうれしかった。

Web制作会社で任された、まさかの水槽掃除

デジハリ卒業後は、ネット関係の会社の正社員になろうと思って、オンラインで履歴書を300社以上に送りまくったが、なんと1社も受からなかった。得意だと思っていた面接までこぎつけても落ちまくった。今思えば理由は簡単。ハーパン（ハーフパンツ）とサンダル、茶髪のドレッドヘアでピアスもつけたままの姿で面接に行って、「僕、見た目はこんなだけど、中身はハッピーだし、気合入っているから大丈夫っす」と言っていただけだから（笑）。

そんな中、デジハリのスタッフから薦められたのがキノトロープというWeb制作会社だった。ここでも、面接が始まって僅か30秒で社長から「お前、帰っていいよ」と言われて。僕は悔しくて、社長が出てくるのを待ってたばこを吸っているところに突撃。直談判したら、次の週に合格通知が届いて拾ってもらった。

「これでWebデザイナーになれるぞ！」と張り切って出社したら、そう甘くはなかった。3メートルぐらいある水槽を掃除しろと言われて、おかしいなと思いつつも熱帯魚を移して水を抜いて、ガラスのコケを落として岩や砂も掃除して、ビーカーで水質チェックもし

て。これだけで毎日6時間ぐらいかかる。合間に水槽屋さんとお茶したりして熱帯魚の育て方を教えてもらったり。

この生活が、3カ月以上も続いた。さすがに「自分、試用期間いつ終わるんですかね」と聞いたら、「やばい、忘れていた」と(笑)。結局、半年たってからようやく正社員になった。ただし、仕事は会社の水槽掃除に加えて社長の愛犬の散歩や家の水槽掃除、おいしいコーヒーを入れたり、大量の資料をプリントアウトしたりなど、「スーパーお付き人」だった……。

でも、僕はDJを辞めて「この会社でITを学んで食っていくぞ」と覚悟を決めていたので、諦めはしなかった。会社では「水槽掃除くん」とか「バカ里くん」と陰口をたたかれたけど、「ここで折れたら負けだ」と思って踏ん張った。

さすがに1年たったとき、社長に「そろそろお仕事させてもらえませんか」と頭を下げたら、「分かった」と。ようやく他の人に水槽掃除などの引き継ぎができた。ちなみに、後任にバトンタッチしてすぐに魚が全滅。水槽管理の難しさが改めて周知され、ちょっとだけ留飲が下がったものだ。

Web制作の事業部に入ったときは、「1年間ずっと我慢し続けてようやくお仕事サマをさせていただけるんだからありがたい」という気持ちになれて。でも、慣れていないからクオリティーも低いし、時間もかかる。だからこそ、とにかく与えられた仕事は誰よりも早く終わらせようと思って、「寝ない」「家に帰らない」と決めた。

毎日、朝5時ぐらいまで働いた。給湯室にあった洗剤をシャンプー代わりにして会社のベランダで体や頭を洗って、くっつけた椅子の上で寝た。そして朝9時に起きて、先輩たちが来る前に仕事を始める。土日も含めて、そんな日々を2年間ぐらい続けた。

「今週中に」と言われた仕事は2~3日で仕上げる。デキは多少悪くても、「早いね」「頑張ったね」と、次第に重宝してもらえるようになった。すると、「バカ里くん」と陰口を言っていた人たちが、「小野里くん」「小野里さん」に変わってくる。どんどん仕事を任せられるようになり、ついに25歳でCMS（コンテンツ・マネジメント・システム）の部長をさせていただくことになった。

最初の部下は7~8人。キノトロープは当時、多岐にわたる企業のコーポレートサイトやシステムをつくっていて、億単位の大規模プロジェクトを多く手掛けていた。そこで三越のWebサイトをはじめ、多くの企業のサイトをつくらせてもらった。

部長として、ひたすらみんなを引っ張って実績を上げて、部長陣の中でも認められるようになった。そうしたら、仕事が急につまらなくなってしまって。「俺、何のためにこの会社に入ったんだっけ？」。少し立ち止まって考えてみたら、自分がやりたかったことを思い出した。「そうだ、ヤングカルチャーを発信しようと思っていたんだ」と。

　渋谷で出会った大切な友だちや店舗スタッフの子たちは相変わらず仕事を頑張っていたけど、まともな自社ＥＣサイトがないところも多かった。当時、ＺＯＺＯＴＯＷＮもまだ世に出てきたばかりだった。それで社長に「ＥＣサイトの開発・制作を事業としてやりたい」とお願いしたところ、二つ返事でＯＫをもらった。

　早速、「自社ＥＣサイトをつくりませんか」とアパレル企業へ営業に回ってみたが、返ってくるのは「うーん、それ儲かるの？」「それじゃ、１００万円でつくってください」といったあり得ないオーダーで。システムやＥＣサイトをつくるのに１００万円では話にならない。でも、当時のアパレルの常識、感覚ではシステムにお金をかける発想がないのだと理解した。そこで編み出したのが、レベニューシェア（成果報酬）方式だ。

　つまり、初期投資はいらないから、売れたらその中からお金を払ってくださいというビジネスモデル。これだと、商業施設などに出店しているのと同じ感覚なので、割とすんなり受け入れてくれるようになった。少しずつ仕事が決まるようになって、ギャル系ブランドや老舗カジュアルショップのＥＣサイトをつくることになった。それがどんどん当たって売り上げが伸び、クライアントも部下も増えていった。

経営者失格。そして社員は誰もいなくなった……

当時28歳。大成功とまではいかないけど、自分で事業をプチ成功させたという手応えがあった。さて、これから先どうしていこうかと考え始めた頃、ある役員がみんなを率いて独立し、新会社をつくるという話になった。仕事ができる人もたくさんいたので、「俺も辞めて独立しよう」と決めた。やはり実家が自営業だったから、起業して自分で会社を持つことが当たり前というか、自然と目標になっていたのだと思う。

その新会社から出資を受け、自分でも3割ぐらい出資してバニッシュ・スタンダードを設立した。業務内容はＥＣサイトの制作だ。前の会社の事業を引き継ぎ、のれん代を払う形でスタートした。

20代のうちに起業できたのは良かったけど、すぐに知識不足を含めて経営者として未熟

独立当時の社員たちと

だったことを痛感した。時代は自社ECサイトの開発全盛期で、ありがたいことに依頼はどんどんいただけるものの、一緒に独立した社員から見たら面白くない仕事ばかりだったようだ。仕事が忙しいことも手伝って、次第に「何のために受託会社から独立したんだ。前の会社にいたほうが幸せだったんじゃないか」といった険悪な雰囲気が漂い始めた。

そうするうちに、社員が1人辞め、2人辞め……。4人辞めたところで、一番信頼していたパートナーのCTO（最高技術責任者）から、こう宣告されてしまった。

「小野里くんを恨んでいるわけではないけど、これだけ仲間が辞めていくことに耐えられない」と。CTOはとても人格者で信望が厚くて。そんな彼が辞めたら、さらに雪崩を打つように人が去って行った。

僕は本当にバカだった。このときはまだ、「また優秀な人を集めればいい」と楽観的に考えていた。しかし、優秀な人は引く手あまただから見向きもしてくれない。何とかしなくてはと、社員2～3人のエンジニア会社の人にダブルワークしてもらって、その場をしのいだ。そんな不安定な経営状態で突き進んでいたら、14年にしっかりと天罰が下った。

事件が起こったのは、あるセレクトショップの案件だ。当時有名だったECベンダーが軒並み参加したコンペで、見事バニッシュ・スタンダードが契約を獲得。店舗スタッフのコーディネート投稿をシステム化する提案を核に、店舗スタッフの評価の仕組みなど後のスタッフスタートにつながる構想まで入れたことが評価されたのだ。

このプロジェクトを成功させて、バニッシュ・スタンダードの名前を世にとどろかせたい。15年3月のリリースに向けて動き出したところ、ダブルワークしてくれていたエンジニア会社の人々が、急に全員手を引いてしまった。この段階でクライアントに頭を下げて「できません」と言えればよかったのに、それができなかった。

開発チームがいなくなってしまったので、システム開発を外注したのだが、リリースが翌年3月に迫った14年12月になっても、進捗率はまさかの10〜15％。目玉がアラレちゃんぐらい飛び出るほどの衝撃だった。そこから緊急で人を集めて、「お金を払うから何とかつくってくれ！」と懇願して、文字通りデスマーチ（死の行軍）が始まった。

年が明けて2月になり、3月時点の進捗率の見込みが30％と判明した。僕は「リリースを5月に遅らせてください」と必死に頭を下げたけど、5月になっても進捗率は50％もない状態。最後は、「もう、いいです」とクライアントからタオルを投げてもらう形になった。プロジェクトを引き継いでくれたECベンダーさんには感謝しかない。そんな体たらくだったから、開発費用の請求は最低限しかできず、負債は数億円に達した。

このプロジェクトの間、気付いたらほとんどの社員が辞めてしまっていた。二十数人いたのに残ったのは4人だけ。残ったメンバーも、小野里が気の毒すぎて付き合ってくれただけで、「一段落したところで私たちも辞めます」と、結局全員が去っていった。

自分の給料も出せないし、銀行の融資枠もすでに目一杯使っていた。保険金をかけて自分で命を絶ったら楽になるし、借金が返せるかなとまで考えた。それと同時に、「自分は何をやらかしてしまったのか」「何をやりたかったのか」「なぜ社員はついてきてくれなかったのか」をもんもんと考えていた。

もちろん、僕の経営判断は最悪だったが、一番ダメだったのは社員を幸せにするための約束を何一つできなかったことだと気付いた。給料も仕事環境もそれなりなら、せめて「夢」だけは見られる会社にしなければいけないのに、それができていなかった。人としての姿勢から見直さなければ、会社を経営する資格がないと猛省した。

そこで、企業の存在意義に直結するビジョンの重要性を改めて感じた。自分たちが目指すべきビジョンとして「働く現場の常識を革（あらた）める」を掲げ、世界中を面白く生きる人たちでいっぱいにしていきたいというパーパスを設定した。社員に夢を見せることができなかったEC事業は全部やめ、大切な友人や店舗スタッフたちを守るため、「店舗スタッフを主役にするサービス」であるスタッフスタート1本に懸けることに決めた。

当時、スタッフスタートの構想を友人たちに話すと、決まって「こんなサービスがあったらいいよね」と言われて自信を持てたし、とにかく彼ら彼女らを販売現場の苦痛から救いたかった。もう一度、ゼロからやり直そう。そう心に誓って、小野里個人でさらに借金をし、出資してくれていた会社からバニッシュ・スタンダードの株をすべて買い戻した。まだスタッフスタートがうまくいくかどうかは分からなかったけど、もう後には戻れない。そこから僕は、がむしゃらに走ってきた。

【 Special 対談 】

『怒り』と『愛』が原点にある日本一のビジネスモデルだ

大前研一 氏 × 小野里寧晃

異業種を含めて経営者同士で交流する機会も多いのですが、大大先輩であり、とてもかわいがっていただいているのが、現在ビジネス・ブレークスルー大学学長を務める大前研一さん。言わずと知れた世界的な経営コンサルタントで、著書には『企業参謀 戦略的思考とはなにか』の他、『インターネット革命』『デジタル革命とニュービジネス』など、デジタル関連をテーマにしたものも多くお持ちです。今回は、リテールの未来予想を聞かせていただきました。

小野里寧晃　大前さんが主宰する新しい時代のビジネスモデル創造を志す企業経営者のネットワーク「向研会」で講演させていただいたのが最初のご縁でしたね。その後、経営者仲間や先輩がたくさんできたのですが、大前さんがことあるごとにバニッシュ・スタンダードを褒めてくださっていると聞いて、うれしく思っています。

大前研一　**本当にいい会社だし、「日本一のビジネスモデル」だと思っている。**僕は明治時代にさかのぼっていろいろな経営者を研究してきたが、小野里くんの事業がすごく意義があると思うのは、「怒り」というものが原点にあるから。特に店舗スタッフの方々はパートやアルバイトも多く、給料が逆立ちしても上がらないところがほとんど。美容関係も同様です。

岸田文雄総理は「給料を上げろ」と言って、給料を上げた会社には税制優遇や公共事業の受注の優遇をするとしているが、そんなおかしなやり方はない。一律に給料を上げろなんて、資本主義を壊すようなものだから。それ以上に、生産性が上がらないと給料は上げられないし、生産性が上がって人が余ったら辞めて外に出てもいいようにしなければならないのに、「クビにしないでそのまま雇い続けろ」と言ったら企業は儲からない。儲からないコストの高い会社に公共事業を発注するのは、国民に対する裏切りになる。こんなの、新資本主義でもなんでもないでしょう。

小野里　おっしゃる通り、アパレルや小売業界では、若い人だと手取り月20万円に届かない方も多いんですよね。長時間労働も当たり前ですし。

大前　それが、バニッシュ・スタンダードのサービスを使うと、本人の努力次第で自分の稼ぎを上げることができる。怒りに対して、解決策を出した。そしてこの仕組みには、ものすごく愛を感じます。素晴らしいと思う。

中国では個人インフルエンサーが自宅などから発信して、あっという間に大量にモノを売ったり大金を稼いだりしていますが、バニッシュのスタッフスタートは、お店を拠点に店舗スタッフが発信をしている。本人の知恵と努力に比例して収入を増やすことができるモデルは、すでに生命保険などの営業職にはあるし、社長以上の稼ぎをもらっている人もいる。でも、デジタルを活用してアパレルや小売りの店舗というある種、閉じ込められた場所から収入が増やせるというのは前例がありません。

小野里　スタッフの投稿を通じて、どれだけ売り上げに貢献しているかを可視化しました。そこで個人、あるいは店舗に対して、インセンティブをつけたり、評価制度につなげるように働きかけたりもしてきました。

大前　僕はビジネス・ブレークスルー大学や、オンラインでＭＢＡを取得できる大学院を経営していて、今でいうリカレント教育をしている。例えば、事情があって高校までしか通えなかったけどすごく優秀な女性は、現場を知らなくてもフロアマネジャーになってしまう大卒の男性の下で冷遇されることが多々ある。僕は「寝首をかけ！」とハッパをかけている。オンラインで卒業資格を取れたら出世もできるようになるし、そういう報告を受けると、気持ちが良くて仕方ない。

「**あなたの努力で人生を変えていける**」。**これが、バニッシュの事業の他との一番の違い**だし、この観点から事業を組み立てた人は日本には今までいませんよ。

小野里　本当ですか。うれしいです。

「ロケーションを克服できるすごい仕掛けだ」

大前　でも、あんまり慢心してはいけない。愛をいつまで持ち続けられるかどうかが、この事業の成長や継続性に関わってくる。当初は売り上げの3～5％などとインセンティブを規定していたとしても、店舗スタッフがかなり稼ぐようになっていくと、だんだん削り始める会社が出てくる。それは良くない。なまけていたらそういうオーナーや店長が生まれてしまいます。ＶＴｕｂｅｒ・バーチャルライバー集団「にじさんじ」を打ち出すエニーカラーなどを見ても分かるけど、とことん人気が出て稼ぐやつは稼いでいい。

アパレルの人々はロケーション（立地）がすべてだと思ってきた時間が長く、高コストだけど好ロケーションの店舗の売り上げが良いのが当たり前だった。けれど、バニッシュの登場で広島とか山形とか、東京よりも圧倒的に客数が少ない店舗に所属するスタッフだったとしても、努力や仕掛け、才能次第で日本一の売り上げを獲得することができるようになる。これはアパレルや商業施設、不動産の理屈、つまり**ロケーション・イズ・エブリ**

シング（立地がすべて）の考え方を根本から覆すもの。これはうれしいことだと思う。

地方の店舗では客数が少ないぶん、時間があるからこそ積極的に取り組めるという面もある。お客さまは全国にいるというわけです。

小野里　そうなんです。実際に、札幌や金沢など地方からの売り上げ上位者も登場しています。人気のスタッフのオンライン接客を受けてみたいとか、「会いに来ました」というケースも出てきています。

大前　かつては渋谷109とそのスタッフが憧れの的になっていたよね。カリスマ店員。ASEANやインドネシアなど、東南アジアでは今でも日本に行くなら109に行きたいという人も多くいます。これと同じことが、今度は全国で起きるということ。ロケーションを超えて、少しさみしいと思われる場所でも工夫した人が勝てる。自分の努力によってとんでもないお金持ちが生まれる。

「地方創生！」「東京に反旗を！」とまで大きな話ではないかもしれないけれど、気持ちがいい。怒りから生まれたビジネスを、愛を持ってやることで、ヒーロー、ヒロインが生まれる。日本でも世界でも革命を起こせると思います。

小野里　OMO（オンラインとオフラインの融合）の単なる手段ではなく、もっと本質的

1943年生まれ。早稲田大学理工学部卒業後、東京工業大学大学院原子核工学科で修士号取得、マサチューセッツ工科大学大学院原子力工学科で博士号取得。日立製作所へ入社（原子力開発部技師）後、マッキンゼー・アンド・カンパニーに入社し日本支社長などを経て、現在、ビジネス・ブレークスルー大学学長を務める

にリアル店舗の価値を高めて、店舗スタッフの活躍の場を広げて、それによって売り上げを伸ばし、企業をサポートする。そして、年収1000万円の店舗スタッフを誕生させたい、というのが僕の思いなんです。それにしても、大前さんから「にじさんじ」の名前を聞くとは思いませんでした。

大前　僕は面白い会社を見つけたら、すぐ調べるし、とことん追跡する。日本では、テレビショッピングやジャパネットたかたとか、通販生活など、昔売れた俳優さん、女優さんが登場して、その活躍を知っている世代の高齢者が購入するというビジネスモデルがすご

く調子がいい。中でも通販生活はユニークだ。通常のカタログ販売は、カタログ到着後、注文の電話は48時間に集中する。けれども、通販生活は面白い読み物があり、トイレに置かれたり長く手元に置かれるから、1カ月間注文が入る。まれにみる物語性があり、売れていた女優、俳優が出てくる。売られているものは僕からしたら物足りないけれど、仕掛けは面白いよね。

もう一つ、僕らの勉強会「向研会」の仲間でもあるけれど、50代以上の女性をターゲットにした「ハルメク」も素晴らしい。お客さまの悩みをディスカッションし、それを商品開発につなげていく。一番の関心事は尿漏れだという。通販生活なら書けないけど、自分たちでリアルに話し合い、解決策を探り、商品開発を始める。すると、アパレルや薬・サプリメントなどのメーカーが提案をしてきたりする。これだけ雑誌が売れないといわれる時代に逆行し、発行部数が60万部に達して広告も殺到しています。

小野里　なるほど。課題を解決したいという思いは僕たちと一緒ですね。僕はスタッフの活性化が、リアル店舗の生き残りには重要だと信じているのですが、小売りの未来をどう考えていますか。

大前　中国では店舗自体がないブランドも多い。モノさえあれば、インフルエンサーが自宅から販売するケースも多い。けれども、バニッシュのスタッフスタートは、店の中にいる人が、自分の店で売っているもの、店にあるものを使って、自分がモデルになって全国に向けて販売をしている、ということ自体が面白いんです。

小野里　大前さんは、東京臨海エリアのお台場・青海に「ヴィーナスフォート」を手掛けられたこともあるんですよね。

大前　当時は古き良き時代で、調査したところ、日本の女性がイタリアに行きたがっていた。ショッピングをしたり、そぞろ歩きをしたいと。そんなときに、森ビル元会長の森稔さんのところに話があって、イタリアや南フランスの雰囲気を出して、屋根付き・全天候でショッピングや時間消費ができる場所としてヴィーナスフォートをつくった。けれども、注意しなければならなかったのは、日本の女性は興味関心の移り変わりが激しいということ。当時、新橋駅などでも、終業後にトイレで着替えてコインロッカーに会社着を入れて、着替えて遊びに行く女性が多かった。だから、90以上のトイレを作って着替えられるように、全身ミラーも備えた。でも、すぐに通勤着とデート着が一緒になり、デートだからと着替える習慣が急速になくなってしまった。それにしても、ヴィーナスフォートはすごく暇になってしまってついに閉館（2022年3月）したわけだから、あの頃にバニッシュのサービスがあったら、すごく面白いことができたと思いますね。

小野里　そのころに会いたかったですね。ちなみに、業務提携している「アットコスメ」を手掛けるアイスタイルの吉松徹郎社長や、「バイマ」を手がけるエニグモの須田将啓社長と先日会食していたら、うちの会社を褒めてくださっていたと。若い経営者とも交流してくださる人柄やエネルギッシュさにいつも励まされています。

大前　同世代よりも、なるべく年下や若い世代と時間を過ごしたいと心掛けています。僕は今でも毎日、酒を一升飲むし。「人にやさしく、自分に厳しい」がモットーなので、若い人に頼られるとうれしいものです。それにしても、アイスタイルがアマゾン・ドットコムと提携したのは一つの快挙だったね。

最近は大企業には興味がない。トップに会うと、19世紀に戻ってしまった感じがするし、僕の話を半分も理解できない。『企業参謀』という本を昔書いたが、そういう外部の人間を使わなければいけないのに、副社長や常務など近くにいる人の話しか聞かないなど、感覚がずれまくっている。

小野里　大前さんは、「日本の本質的な問題は2つしかない」とおっしゃっていますね。

大前　その通り。一つは、教育だ。世界で指導要領を使って教えているのは、日本と全体主義の国しかない。指導要領に基づいた授業をすれば補助金を出してくれるのだが、ビジネス・ブレークスルー大学院大学では認可はもらっているものの、指導要領に従わないので補助金ゼロで運営している。

ＡＩが人間の知性を超えていくシンギュラリティの時代になっていくといわれている。人間にしかできないことを教えていかなければならないのに、工場制時代の大量生産・大量消費みたいなことしか教えていない。シンギュラリティになったら、即死ぬような人しか育てていないのはおかしいでしょう。

もう一つは、統治機構の問題だ。地方自治といいながら、全体主義的な統治を行っている。憲法にも地方自治と書いてあるが、実際には国が決めた範囲の中で地方公共団体が運営していくというものになっている。少なくとも道州連合制にしたら日本は8つになり、競争が起こり、次の気運が出てくる。今は競争相手がいないので、「内向き」「下向き」「後ろ向き」の三拍子がそろってしまっている状態だ。

大前研一が考える「リテールの未来」

小野里　教育は本当に重要ですね。僕たちは今、店舗スタッフの評価制度も重要だと感じていて、その在り方を模索しています。今、ECが伸びる半面、リアル店舗はどんどん苦しくなっていて、このままではブランドの本質を伝えきれない状況になると危惧しています。ECだけでは自動販売機でモノを買うみたいな、便利だけど味気ないことになる。店を残すには、個人が評価されるだけでなく、その店自体が評価されるような仕組みが必要だなと思っています。

大前　米国でもリアル店舗は次々と成り立たなくなっている。今は好立地は高いけど、長い目で見ると、店舗の不動産が安くならざるを得ないということだ。その証拠に、今日本で一番高いのは銀座の松坂屋があった辺りで、再開発してGINZA SIX（ギンザシックス）にお色直ししているけど、モノを買っている人、ショッピングバッグを抱えて出てくる人は少ない。それでも好調なブランドはあるわけで、ECに慣れてしまうとリアル店舗での買い物になかなか戻らない。それでも店舗がなくなるということはあり得ないと思うし、あったほうが買う人は安心する。

そして、店舗スタッフの方から、お客さまを取り上げてはダメだ。その店やブランドへの信頼を獲得しているのは、そのスタッフなんだから。**お客さまはそのスタッフのもので、**

お店はアグリゲーター（集める組織）。だから、販売手数料ではないけれど、何分の1かのフィーがその人に入るようにし続けなければ。その権利を奪ってしまったらインセンティブがなくなり、モチベーションが下がる。店舗スタッフたちにはデータベースを含めて情報を開放し、そのベネフィットを受けられるように維持してあげることが重要だ。

小野里　僕は、リアル店舗とデジタル接客とのハイブリッドな購入体験やブランド体験が、その答えの一つだと思っています。

大前　アマゾン創業者のジェフ・ベゾスは、世界最大の小売業を目指すと言っていて、実際にはウォルマートに続く世界ナンバー2の小売業になっている。けれども、本屋の後、相当苦労をし、失敗を重ねている。それを越えられたのは、靴をECで販売していた「ZAPPOS（ザッポス）」を980億円で買収したからだ。

本は注文すれば注文通りの本が届くし、航空チケットも、何時何分の何便のどこの席というものは一つしかないので、間違いようがないし返品は起こらない。けれども、靴は多くのサイズがあり、身体に合わなければ買えないので返品がどうしても多くなる。でもザッポスは返品自由にし、ロジスティクスを整えたことで成功できた。購入者は一度経験しておけば、このメーカーならこれくらいのサイズ、などの知見を得て、2回目以上の注文はうまくなっていく。だからこそ、先行者が勝つということになる。

このビジネスモデルに触れて、ベゾスは返品自由にした。そのために、ロジスティクスを構築し、プライム会員制を強化した。90年代半ばからずっと見てきて、「アマゾンが黒字になったら恐ろしくなる」と言ってきたが、実際にそうなっている。

この時代、リアル店舗は重要だが、必ずしも必要であるとは言えないし、店だけで完結することはなくなっている。一方でアマゾンがホールフーズを手に入れたようにECだけで完結するわけでもない。

小野里　なるほど。では、最近の小売業の潮流として、気になっていることは何ですか。

大前　日本の構造変化にもつながっているけれど、一つは、ますますブランドが重要であることだ。メルカリなどの個人売買プラットフォームが台頭し、クローゼットを整理し、お金に換えることを日常的に行う人が増えている。メルカリでは、中間領域のブランドは売れにくい。となると、最初に新品で買うものは3年後にも売れそうなものに購入基準がシフトする。そうして、**変わらずその価値が分かる有名ブランドであることの重要性が増してくる。新規性で売っていたものや中途半端なものはダメになる。**

小野里　新しいビジネスモデルの企業やブランドも出てきていますね。

大前　特に中国から出てきた「ＳＨＥＩＮ（シーイン）」はすごい。ジャスト・イン・タイムで１００着ぐらいの小ロットでどんどん作って、米国や欧州、中国以外のアジアで売っている。売上高はすでに2兆円あり、時価総額はユニクロを抜いたといわれている。ユニクロは大量生産で何百万枚、何千万枚も作って世界の店で販売するから、半年から1年後ぐらいの商品を作っている。一方、ＳＨＥＩＮは1週間ごとに商品がごろごろ変わる。どこまで持続可能なモデルなのか分からないが、こういう新しい会社が生まれていることは感慨深いし、「Ｈ＆Ｍ」のヘネス＆マウリッツや「ＺＡＲＡ」のインディテックス、そしてユニクロ的なところは全部ひっくり返すかもしれない。

僕は業界全体の構造変革を見続け、追いかけてきたが、世界中には賢い経営者がたくさんいるとつくづく思う。バニッシュ・スタンダードは日本の中でも極めてユニークなビジネスモデルがあるので、面白いし、日本にとっての福音だと思います。

chapter

4

どうする? リアル店舗 OMO先進企業は何が違うのか

「これをやったら失敗する！」10のワナ

ここからは、スタッフスタートのサービスを導入いただいている企業がどのようにOMO（オンラインとオフラインの融合）を成功させているのか、事例と併せて見ていきたい。

これまでバニッシュ・スタンダードは各社のオンライン接客を成功させ、リアル店舗や店舗スタッフが恩恵を得られるノウハウを蓄積してきた。それを生かして、カスタマーサクセス（顧客の成功）の一環として各社の個別勉強会を開催し、業種や店舗ごとに合ったコーディネート投稿の仕方や撮影の仕方などを提案している。その中で、店舗スタッフによる投稿の成功ケースや失敗ケースをたくさん見てきた。ここでは、まず「これをやったら失敗する10のワナ」として、バッサリと斬っていきたい。自社のサービスで思い当たることが多いなら、すぐに改善すべきだ。

①とりあえずスモールスタートする

1つ目は、とりあえずスモールスタートをしようとすることだ。「成果が出るか分からない」「リソースがない」「まずはテストで」などといって、「最初は10人で試してみましょう」といった始め方をしたがる企業がいる。

でも、これはお勧めしない。なぜなら、**参加する店舗スタッフもコーディネート投稿も、最初からある程度の数を担保しなければ効果は出にくいし、見えにくい。**というのは、少人数しか投稿しないと、身長や体形、コーディネートのテイストや地域性などが偏ってしまいがちになるからだ。また、投稿数が足りなければ、スタッフスタートの商品ページにバリエーションが出ず、お客さまが選べる商品がないということになる。アパレルは商品型数が多いので、数が担保できることは重要だし、参加スタッフのバリエーションが豊富なことで、おのおのの投稿が生きてくることになる。

オンライン接客の売り上げへの貢献は多くの企業で認められ、比較的早く出やすいものだが、本質的なEX（従業員の成功体験）やOMOで大きな成果を上げるには相応の時間がかかる。過度な即効性への期待は店舗スタッフが疲弊して投稿が続かなくなることになりかねない。半年から1年は腰を据えて継続していくことが必要になる。

OMOは全社を挙げての取り組みになるわけで、結果を出すことが全部署の理解や協力につながる。ニワトリが先か、タマゴが先かという話にもなるが、結果を出すためにも、なるべく多くの投稿を行い、成功体験を獲得していくことが求められる。

②「ブランドの世界観が崩れる」はもう古い

いまだに「投稿者数を増やすと、ブランドの世界観が崩れる」と懸念する声も聞く。これは、そもそも自社の店舗スタッフを信用しておらず、ブランドと店舗スタッフのミスマッチを放置していることにもなるので、そちらのほうがよっぽど問題かもしれない。しかも、「ブランドの世界観」を打ち出すとか保つといったブランディングは、すでに各企業が取り組んできたことのはず。その範囲でとどまっていたのでは、E2Cやスタッフコマース、そしてOMOの本質的な実現はできないし、売り上げの大きな伸びも期待できない。

リアル店舗のスタッフや、今まで表に出ていないスタッフが、デジタルのツールを使うことでエンパワーメントされ、活躍して活気あるコミュニティーをつくることが、令和の時代はブランディングにつながる。**お客さまと一番近いところでブランドを体現するのはデジタル時代も店舗スタッフであり、それ以外の何物でもない。**

例えば、セレクトショップの「トゥモローランド」のコーディネート投稿は、投稿スタイルを定めることで統一感を高め、比較購買をしやすくしつつ、ブランドの特性が如実に表れるようなつくりになっている。「店舗検索」によって店舗スタッフの投稿がズラリと一覧で見られるようにしたうえで、撮影の背景やポーズを統一し、カタログのような機能や美しさを実現している。こうすると店舗スタッフも投稿しやすいので、1日平均3～4投稿、月に100投稿するスタッフもいて、効率よく成果につなげられているという。

③フォロワー数が多い人、個性的な人だけを投稿者に選ぶ

すでにSNSフォロワー数が多い特定のスタッフや、個性あふれるスタッフを中心にコーディネート投稿体制をつくっていこうとする企業も多いが、これもあまりお勧めしない。前述した通り、スタッフ投稿は「真ん中」だけそろえてもだめで、バリエーションが豊富なことが重要だ。

投稿を重ねていくうちにスタッフの個性が創発されることもある。むしろ、普段の接客の延長線上で、個人の趣味などを含めたその人の好きなものや、興味関心があるものを関連付けて発信していくことで、結果的に個性が際立ったり、共感してくれるファンが増え

たりすることにつながる。特に**今の時代は、ファッションモデルばかりにおしゃれな人やスマートな体形の人よりも、もっとリアルが求められる時代**だ。本当に多様な人がいるからこそ、一部のカリスマが際立ってくるという側面もある。

そういう意味では、やはり特定のスタッフではなく、「全員が頑張る」という仕組みが理想だ。あるいは、店舗やブランドなどの単位でチームを組んで投稿に取り組む姿勢を明確化することが求められる。いずれにしろ、すべての店舗スタッフへチャンスを「平等」に与えることが、ＥＸ施策でもあるスタッフスタートを最大限生かすことにつながってくる。

④スタッフ個人の「名前や顔を出さない」

店舗スタッフのコーディネート投稿は、それを通じて売り上げを獲得することはもちろん、ブランドや本人のファンを増やしていくことが、長い目で見たときに重要な要素になってくる。イニシャルだけなど、名前なしで投稿することでも、お客さまのコーディネートの参考にはなる。しかし、その次のアクションとして店舗スタッフ個人を目当てで来店してもらったり、指名してもらったりはしにくくなる。はっきり言えば、ＯＭＯの妨げになると感じている。

同じように店舗スタッフ個人の顔を出さないこともあまりお勧めできない。人物の首から上を載せない画像のことを「クビキリ」といい、特に大手アパレルなどからはクビキリをルールにしたいと相談を受けることが多い。けれど、アパレルやコスメは顔やメイクが見られないと、その人の雰囲気が分からないし、親近感も湧かない。せっかくのコーディネート投稿がファンの獲得に寄与せず、スタッフ投稿をきっかけにして来店にまでつなげるという本来の狙いから遠ざかってしまう。

これからは、**店舗スタッフの個性にファンがついてくる時代。キャラを立てていくことが求められる中では、きちんと名前や顔出しをしていくほうがいい**はずだ。最低限ニックネームでもいい。お客さまに記憶してもらって、お店やＳＮＳなどで話しかけやすく交流しやすくすることが大切だ。

もちろん、よほど写真のクリエイティブに特徴がある人の場合は、その力を発揮すればいい。今後はリアルな画像ではなく、バーチャルモデルやアバターなどに置き換わっていくこともあるかもしれない。それだからこそ、リアルな人物が投稿する際には、ありのままの姿で出ていくことをお勧めしたい。

ただし、インテリアやセルフサービス業態などに関しては、個人のイメージがつきすぎると購入希望者が限定されてしまうなど、逆にデメリットになることもあるので注意は必要だ。

⑤インスタグラム投稿をNGにしている

個人のインスタグラム投稿を許可・不許可にしている会社は、ターゲットとするお客さまの年齢層によって異なることが多い。特に年齢層が高いブランドでは、「インスタグラムNG」にしたり、「顧客層がインスタグラムを活用していないのでフォロワーがつかない」と思い込んでいたりするところが多い傾向にある。

だが、スタッフスタートの場合、ECサイトに掲載されたコーディネート投稿からスタッフ個人のインスタグラムにも送客していく仕組みをとっている。おのずとインスタグラムのフォロワー数も増えていきやすいし、そこから露出が増えて新規顧客を獲得でき、ECの売り上げにつながるという良いループができやすい。その好機を最初から手放してしまうのはもったいないと感じる。

例えば、オンワードも当初はインスタグラムをＮＧにしていたが、スタッフスタート導入後に変更し、むしろインスタグラムを強化してきた。すると、１０００人弱のフォロワー数だったスタッフが、たった1年で1万フォロワー超えになるケースも出てきている。

また、メンズブランドでもインスタグラムを上手に活用している事例が増えている。例えば、ＢＩＧＩが展開する「メンズビギ」で一番のスタッフスタート経由売り上げを誇っているのが、60代の男性スタッフだ。もともとブログを投稿していたが、スタッフスタートへの移行を契機にインスタグラムに注力し、フォロワーが急増する成功事例になっている。

⑥がちがちのレギュレーションを設ける

店舗スタッフのコーディネート投稿を始める際に、遵守すべきルールやガイドラインを設けることは必要不可欠だ。けれど、ブランドを傷つけると困るからなどと、あまりにもがちがちなレギュレーションをつくったり、あれもダメ、これもＮＧとしていくと、同じような没個性な投稿ばかりになってしまい、面白みも個性もなくなる。それればかりか、スタッフ個人が楽しんで投稿してお客さまとつながろうとする意欲も薄れていく。**絶対にやってはダメな例だけは必須で共有し、あとは「余白」を残すことが重要**だ。できるだけ自由に投稿してもらって、グレーなものに関しては修正をしていくようにする。こうすると魅力的な投稿が増え、スタッフの投稿が長続きし、成果につながりやすくなる。

⑦本部でチェックしたものだけを投稿する

これもよくありがちだが、本部でチェックを受けたものだけを投稿するルールにすると、いずれ業務が回らなくなり、仕組みが破綻するおそれもある。本部承認のサイクルは、取り組み開始当初は比較的順調に稼働しても、投稿量が増えてくると行き詰まりがちだ。店舗スタッフが少ないブランドであれば問題ないが、100人単位のスタッフが投稿するとなれば本部の承認作業も多くなり、疲弊したり、承認のための人を増やしたりする必要が出てくる。業務のための業務を増やしてはダメだ。

それ以上に、**大切なのは「投稿は生ものである」ということ**。オンライン接客の良さは、そのリアルタイム性にもある。ファッションや商品を本気で売りたければ、そのときにみんなが欲しいと思うものを投稿するのが一番効果的。気温や天候、イベントなどにも左右されてくる。

また、ご存じの通り、コーディネート投稿が一番見られてECでモノが売れる「ゴールデンタイム」は夜の時間帯と週末・祝日だ。中でも、金曜夜や土日に大きな売り上げの山ができる。それに対して本部の業務時間は、たいてい平日の18時や20時までで、土日休みも多い。店舗スタッフが頑張って金曜日や週末に投稿をつくっても、承認が月曜日以降になってしまうのでは大きな機会損失が生まれる。承認された頃には、すでに商品が売り切れたり、状況が変わったりしていることもある。これでは、本部承認がボトルネックだと言っても過言ではないし、現場スタッフのやる気やオリジナリティーを阻むことにもつながりかねない。

本部は投稿でやってはいけないことを周知徹底させること、投稿されたものをパトロールして、よくない投稿があれば軌道修正していく役割に徹したほうが生産性は高まるし、関係者が皆ハッピーでいられるはずだ。

例えばストライプインターナショナルは、新規にスタートする店舗スタッフの投稿についてのみ、本部側でチェックしたものを投稿することにしている。安心して始めやすくするとともに、効果を発揮するためのアドバイスをフィードバックするというサポート体制をとっているのだ。

⑧まんべんなく商品を紹介する

もっとたくさんの商品を売りたい、全部売り切りたい。だから、「店舗スタッフにはまんべんなく商品を投稿してほしい」という気持ちはよく分かる。けれど、売れないものを訴求しても売り上げは取れないし、他の売れ筋商品の投稿が埋もれてしまうことにもなる。スタッフの意思に任せつつも、売れるものをピックアップしていく嗅覚や戦略が重要で、そのバランスをとるのが担当者の腕の見せどころになる。

「あと300品番投稿されてないから頑張って投稿して！」と店舗スタッフに圧をかけるよりも、まずは売れている100点の中から、さらに売れる可能性のある30点を狙い撃ちで投稿したほうが効率は上がる。販売期間や新商品の投入予定なども考慮しながら、例えば**コーディネート投稿の商品カバー率の最終目標を90%として、最初は30%からスタート**

することをお勧めする。パルグループホールディングスをはじめ、このサイクルを上手に確立してカバー率が90％を超えるところも出てきている。

スタッフスタートには、「商品カバー率はどれくらいか」「それぞれの商品をどれくらい露出できているか」「投稿を使って接客できている商品・できていない商品はどれくらいあるか」を分析して、投稿すべき商品を推奨する機能などもあるので、これをうまく活用してもらうと効果が高まるはずだ。

⑨業務がスタッフ投稿へ極端に偏り過ぎている

ここが難しいところなのだが、スタッフスタートによるコーディネート投稿経由の売り上げやページビュー（ＰＶ）数、フォロワー数などをインセンティブの評価基準にしていくと、それ目当てにコーディネート投稿しかやらない、やりたがらない店舗スタッフも中には発生してしまう。リアル店舗での本来の役割がパワーダウンすることを是とするか非とするか。この答えは「非」だ。

最近はインフルエンサーとしてスタッフを採用する企業もあるが、やはり店舗スタッフはリアル店舗でお客さまに接客したり、業務を遂行することで商品や店の付加価値を高めて企業やブランドに貢献するのが本分だ。それを理解してもらうスタッフ教育が必要であり、プラスαの貢献であるオンライン接客に対してインセンティブや評価基準を設ける際の注意点にもなる。

⑩本部が本気で取り組んでいない

あくまでもスタッフスタートは1つのツールであり、それを使って実現すべきOMOは全社活動だ。なので直接の当事者である店舗スタッフやEC担当者だけではなく、店長やスーパーバイザー、販売部や商品部、販促プロモーション担当、人事、そして経営陣など、多くの部署が一緒になって盛り上げていくことが効果を最大化させる肝になる。

そのためには、本部スタッフの本気度がもっとも重要だ。多くの部署を巻き込んで取り組む、やる気のある本部スタッフがいる企業では、現場の店舗スタッフもついてきて成果が上がりやすいという手応えを感じている。

「店舗スタッフ起点のOMO」がもたらす好循環

では一体、OMO推進で成果を上げている企業はどのようにスタッフスタートを活用しているのか。各社のOMOの基本方針や施策、インセンティブ導入や報酬制度を含めたスタッフサクセスへの取り組みを紹介していこう。

【企業事例①】パルグループホールディングス

「スリーコインズ」や「チャオパニック」「ミスティック」など約50のブランドを展開するパルグループホールディングスは、スタッフスタートをうまく活用している代表的な会社だ。キーパーソンは、執行役員でWEB事業推進室室長とコミュニケーションデザイン室室長、プロモーション推進部部長を兼務する堀田覚氏だ。

スタッフスタートの採用を決めた2017年当時、プロモーションなどを中心としたマーケティングの切り口でデジタル活用を推進しながら、ECも強化することが、堀田氏のミッションだった。その中で、モデルやインフルエンサーなどの〝タレント〟をキャスティングしてECやSNSのコンテンツを制作することも多々あったが、「すでにリアル店舗で培ってきたお客さまとのつながりや、それを生み出している店舗スタッフというアセット（資産）を活用することの重要性に気付いた」という。店舗スタッフのインフルエンサー化だ。

彼女ら、彼らが頑張ることでインセンティブを獲得して収入が増え、SNSフォロワーも増えたら、個人と会社の資産になり、どちらにとってもハッピーになる。本人たちもSNSの活用方法が学べるし、残念ながらもし何らかの事情で辞めるとなっても個人でフォロワーをそのまま持ったまま次のステージで活躍してもらえばいい。

「これからは個人の時代になるという感覚があった。企業自体のプロモーションには限界があり、敬遠される流れもあった。一方、インターネットは個と個のつながりを強化するものであり、中央集権型が崩れて分散型へと移行する胎動を感じていた。**これだけたくさんのスタッフがいるのだから、『個』の力、スタッフの力を強みにしたら、会社の成長に貢献して社員に報えるし、愛着心も生まれる。お客さまの課題も解決できる**」

そこで、16年から社員・アルバイト問わず、ショップスタッフ個人がSNS（インスタ

パルグループホールディングス執行役員 WEB事業推進室室長 コミュニケーションデザイン室室長 プロモーション推進部部長の堀田覚氏

グラムとＺＯＺＯの「ＷＥＡＲ（ウェア）」）の利用を会社に申請し、承認を受けた後、フォロワー数が多いスタッフを表彰する制度を導入。17年からはフォロワー数1万人（一部5000人）を超えたら手当をつけるというスタッフインフルエンサー施策を開始。18年には総フォロワー数が260万人を超え、手応えを感じていた。

ただし、売り上げ貢献など、その正確な効果は分からなかった。インスタグラムはまだストーリーズ機能もなかった時代で、画像にリンクスタンプを貼ることもできず、プロフィール欄に載せたＵＲＬからしか自社ＥＣの「パルクローゼット」に飛ばす方法がなかった。そんな中で、スタッフスタートの導入を決めた。人材やノウハウなどを社内に蓄積できる一方で、インフルエンサー施策や広告よりも圧倒的に効率がいい。そんなことから、スタッフスタートのサービス導入やスタッフのインセンティブに投資していくことを重視してきたという。

「一番の目的は、スタッフのＳＮＳ投稿からＥＣへの導線をお客さまに分かりやすくして、気になるコーディネートや商品からＥＣへつないで買えるようにしたり、逆にＥＣからもインスタグラムに飛び、日常の中でスタッフやブランドに接触してもらえるようにすること。スタッフの投稿画像をＥＣでも活用し、お客さまの購買欲求を刺激し、買いやすくしたいと考えていた。もう一つ、データの利活用を進めて社内で施策の検討をしやすくし、効果的にしたいという思いもあった。スタッフスタートの『数字が可視化できるツール』という点が心に響いた」

当時、スタッフスタートのサービスは大きく2つあった。「在庫取り寄せ」と「コーディネート投稿」だ。「小野里さんが推していたのは『在庫取り寄せ』。店舗とＥＣの在庫を一元化してリアルタイムで在庫を押さえ、店舗に取り寄せできるというものだったが、当時はまだ導入難易度が高かった。一方でコーディネート投稿は、インスタグラムなどからＥＣ上へのコンテンツの自動生成、データ収集による潜在ニーズの掘り起こしなど可能性を感じており、ちょうど複数のサービス提供企業をリサーチしていたところだった」。結局、コーディネート投稿と「ショップブログ機能」、そして「まとめ機能」までが1つのアプリで完結できるということで、かなりのハイスピードで導入が決まった。

スタッフ投稿経由のEC売上高比率は7割と高水準

現代流ＤＸ（デジタルトランスフォーメーション）を成功させる重要要素である堀田氏の共創精神も、スタッフスタートの成功を大きく後押ししてくれた。「企業が『欲しい』と思えるパーツを全部うまくそろえて提供したら、スタッフスタートは絶対伸びると思った。本当にいいサービスなら当社にもメリットは大きいので、実証実験でどんどん試してくれればいい。対外的に好事例を発信していく協力もする。その分、迅速さも求めたし、『こんなふうにスタッフが投稿できるようにならないか』といったわがままもかなり言わせてもらった」

ただし、そうはいっても自社のシステムではないので、スタッフスタートにとっても汎用性のあるものにしようというマインドは忘れなかったという。「今はマイクロサービスの時代。自分たちでスクラッチでつくるのではなく、旬のテクノロジーをパーツパーツで組み上げていかないとテックカンパニーではない我々のような事業会社では時代や変化に追いついていけない。マーケットにフィットした手の届くサービスを、スタートアップと一緒につくる。ＷＩＮ・ＷＩＮの関係性を構築しつつ、当社の資産である店舗スタッフの活性化につながればと考えた」

実際に堀田氏が要望したのは、「もっとスタッフ推しにしてほしい」ということ。「個の力、スタッフの力を最大化することが、パルにとってもスタッフスタートにとっても成功させる重要ポイントだった」。ＥＣサイトのトップ画面にはスタッフの顔写真を出し、インスタグラムと違和感なく行き来できて、日常的に接触することでファンになってもらえるような導線やＵＩ（ユーザーインターフェース）を希望した。

「お客さまがインスタグラムやその投稿に興味を持った状態でＥＣへ飛んできたときに、いきなり商品推しのページに着地するのではテンションが違い過ぎてわくわく感や購買意欲がしぼんでしまいかねない。まずは顔写真などスタッフの紹介ページに着地するようにして、インスタグラムの世界観が再度表現されるようなものにしたかった」。スタッフの人気ランキングも堀田氏の発案で生まれたものだ。コーディネート投稿やまとめ機能に加え、現在では「PLAY(動画)機能」、CX(顧客体験)プラットフォーム「KARTE(カルテ)」との連携、そして「LINEスタッフスタート」の一部機能など、活用サービスが広がっている。

実はパルグループHDは、アパレル小売りの中でもECへの取り組みは後発だった。堀田氏が14年に入社した当時から数年間、EC売上高は約50億円、EC化率は6%程度にとどまっていた。それが21年度には全社売上高1342億円に対してEC売上高が前期比38%増の328億円、EC化率は24・4%と、短期間で飛躍的に成長した(EC売上高の内訳はZOZOTOWNが同28・5%増の174億円、パルクローゼットが同55・3%増の115億円、その他が同45・0%増の39億円)。23年度にはEC売上高500億円、自社ECで250億円の達成を目指しているところだ。

ただし、堀田氏の中では「EC強化」という言葉は使いたくないという。「デジタルマーケティングやECは重要な施策だ。しかし、リアル店舗が死んでしまったら意味はない。ECを強化して他は置き去りというニュアンスは避けたいし、本意ではない。**会社全体を強くする中で、リアル店舗もECも伸ばしていくと意識することが重要**」と話す。

続けて堀田氏は、こうも言う。「デジタルでお客さまと接点を持つことは、ECにもリ

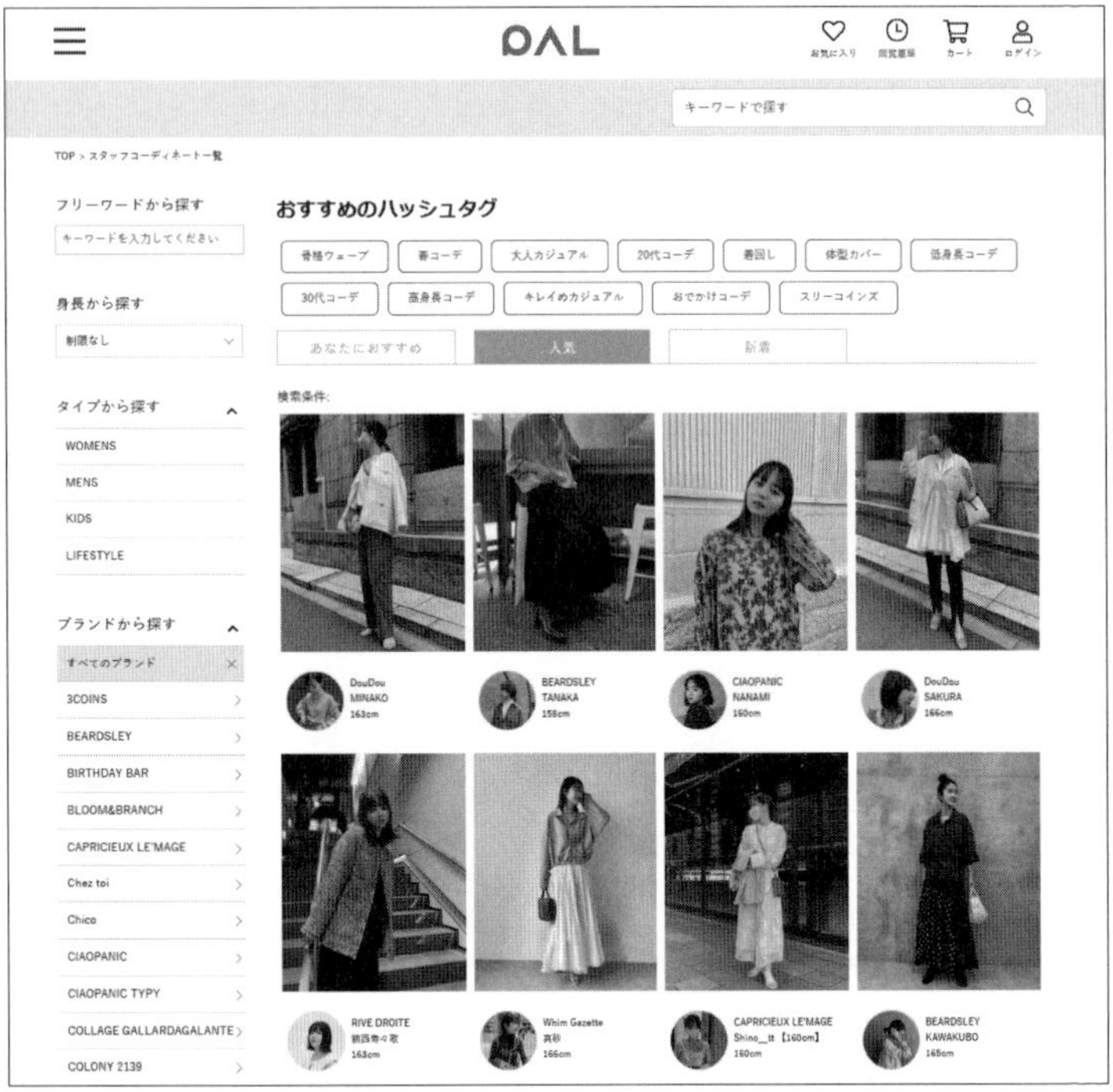

パルクローゼットのコーディネート紹介ページ

アル店舗にも大きな意味がある。しかも、我々の会社では、従業員はリアル店舗で働く人たちがほとんど。資本の大半も実はここに投下している。社内メッセージの出し方として、『デジタル化』はいいが、『EC強化』はECだけというゼロサム感のニュアンスで捉えられてしまいがち。それを避けつつ、スタッフが発信するSNSも、リアルとECと並ぶ3つ目の情報発信起点・顧客接点として活用を進めている」

リアル店舗の良さはスタッフの接客に加え、一度に商品を俯瞰して見られることによるブランドの世界観の訴求や、色味、質感といった商品そのものの訴求もできる。いずれもECが苦手なところだが、それを突き崩して新しい価値を創出できるのが、スタッフによるコーディネート投稿だと捉えているという。

現在、パルグループには社員・アルバイトを含めて、7000人近い店舗スタッフがいる中で、SNSやコーディネート投稿などの活動に約2000人が携わっている。全員が取り組むブランドや一部のスタッフに絞るブランドなど、裁量は各ブランドに任せている。一方で投稿は「業務」と明確に位置付け、毎日のワークスケジュール内に作業時間を設定している。**「SNS投稿やコーディネート投稿は、サブ業務に見えるかもしれないが、これはパルにとって本質であり、スタッフの本業として位置付けている」**

もともと「インフルエンサー手当」を支給していたパルだが、スタッフ投稿からのEC経由売上高などの実績に対してもインセンティブを支給している。「恒常的な会社の仕組みとすべきなので、給与・賞与制度に組み込んでいる」。会社としての賃金の考え方と整合させるのは難しいことだが、「幸いパルの場合、創業者である井上英隆会長の思想として、『結果を出した人間にはしっかりと対価を払いたい』という思いがあり、それを実践している。企業の状況も経済環境も変化する中で、約束と異なることをしたら社員からの信頼が揺らいでしまう。会社の制度とすることで全社での取り組みに勢いがつき、何よりもスタッフのモチベーションが上がった手応えがある」。

パルは会社特性としてブランドの結束力が強いぶん、ともすれば縦割りになりがちな部分もあった。ブランドの数も多い。そんな中で、思い切ってSNSをやりたいスタッフに開放した。すでにフォロワーや売り上げを効果的に伸ばすヒントに気付くスタッフも多く出てきており、フォロワー数はそれほど多くはないのにエンゲージメントが抜群に高いスタッフもいる。そうした成功体験やノウハウを持っているスタッフに、取り組みのポイントをヒアリングし、抽象度を高めて社内で共有することにも力を入れている。

「パルは成功体験の横展開という意味で、とても有利な会社だと思う。多様なブランドで常にいろいろな実験が行われていて、いい意味ではみ出し、挑戦するなど自由度が高い。そこで見えてきた『コト』や『人』が突破口となり、すごい結果につながることもある」

スタッフスタートのコーディネート投稿とまとめ機能を含めて、スタッフの投稿数はおそらくファッション業界トップの多さではないかというパル。投稿経由のEC売上高は全体の7割前後と高い水準で推移している。**SNSのフォロワー数手当と、EC貢献売上高のインセンティブで、3桁万円も収入が増えた人や賞与が大幅に上がった人もいるという。**

外部のインフルエンサーに投稿の対価を支払うなら、1万人のフォロワーを自力で獲得して毎日投稿してくれる自社スタッフの収入が増えたほうが断然いいはずだ。ECへの貢献は数字から導き出した確かな実績があるので、全社のトップライン（売上高）も上がるし、会社にとってもウェルカムというわけだ。

「選ばれしスタッフ」ではなく、やりたい人全部

SNSやコーディネート投稿の運用は各ブランドに委ねているが、基本は「やりたい人がやるというスタンス」（堀田氏）という。チャンスを平等に与えずに人事や賃金の評価

に反映されてしまう理不尽さや不公平をなくしたいという配慮があってのことだ。

企業によっては、見栄えのいいスタッフや、そもそもフォロワー数の多いスタッフにSNSを任せるところもあるが、パルは全員参加を理想としている。なぜなら、「ファッションの楽しみ方は多様だから」だ。さまざまな体形やコンプレックスまで含めて、個性や個の多様性を発信し、だからこそ共感できて楽しんでもらえる人が増えると考えているという。「むしろコンプレックスや悩みを抱えるお客さまと一緒になって、素敵になれるヒントを提供していくことのほうがよほど価値がある。1つの価値をみんなが目指していく時代は、もう終わった。これからますます分散し、それぞれの楽しみ方ができてくる時代だと思う」

パルには、「スタッフ・オブ・ザ・イヤー」で唯一2年連続で最終審査に進出した「ミスティック」の森川小百合さんも所属している。彼女のインスタグラムのフォロワー数は14万5000人で、初期の頃の硬さがなくなり、毎日楽しそうな投稿やコーディネートが注目を集めている。彼女の他にも、地方を含めた全国にインフルエンス力が高いスタッフは存在している。スタッフスタートを通して、その活躍や存在が可視化されるため、ECやSNSのプロモーションを任せたり、本社スタッフとして抜擢したりなど、新しいキャリアパスやチャンスの創出につながっているという。

マニュアルなのに自由? 70ページの手引を用意

パルでは、スタッフ投稿を増やし、参加率を高めるため、評価制度に加えてシフトで動くことなど、仕組みを整えてきた。また、スタッフが感じがちな2つの大きなハードルを下げることに配慮している。その1つは「始めること」、もう1つは「続けること」だ。

まずは、スタッフがSNSやコーディネート投稿を始めるきっかけとして、「何をどうやってアップすればいいのか分からない」といった不安が解消できるように「基本を覚えること」でそのハードルを越えやすくしていった。至ってシンプルにプロフィールの書き方やプロフィール画像、投稿写真の撮り方、画像の配置の仕方、投稿の頻度など、鉄板の要素をまとめた「SNS基礎マニュアル」を作成している。堀田氏が1カ月近くかけて、いろいろな事例をリサーチしながら70ページに要素を詰め込んだ。

このスタートマニュアルでは、「あれをやれ、これをやれ」ではなく、自由度を高めたうえで、「やってはいけないこと」を分かりやすく明示しているのがポイントだ。コンプ

パルの「SNS 基礎マニュアル」のインスタグラム編

ライアンス遵守はもちろん、誹謗中傷や愚痴などのネガティブな発信は明確にＮＧ。著作権や肖像権といったライツ（権利）関係の取り扱いについても注意を喚起している。

「あまりに規制し過ぎると、個人で発信している意味がなくなる。基本的にスタッフを信じて自由に投稿してもらったほうが、面白いものが出てくる。**これだけ情報があふれる中で、本人が本気で良いと思っているものでなければお客さまには届かない。それがリアルであり、本質的に求められているものだと思う**」

もう一つ、堀田氏はＳＮＳやコーディネート投稿の開始時期に合わせて毎週のように全国の店舗を訪問し、これらの施策がスタッフにとって、会社にとって、お客さまにとってどのような意味を持つものなのか、会社が本気でやろうとしていることを直接スタッフに〝布教〟していった。

「続けること」に関しては、まずは3カ月集中的にフォローする。それだけやると、ぐっとフォロワー数が増えた、紹介した商品がヒットした、お客さまが会いに来てくれたなど、何かしら手応えが得られるという。そういう成功体験を重ねながら、なぜその投稿が受けたのかを考え、自分の個性を深掘りするよう促していく。投稿を担当するスタッフの活躍が店長の評価の一つになるようにしていることも後押しになっている。

そして今、パルがさらに力を入れているのが、動画投稿だ。スマートフォンからの動画視聴は、コロナ禍と5Gの普及でさらに加速している。ユーチューブやティックトック、インスタライブなどの他、ネットフリックスなどの動画配信サービスも広がっている。「動画で情報を見るのは当たり前の時代。動画のリッチさに慣れてしまうと静止画には物足りなさを感じるようになる。これは不可逆の変化だ。プラットフォーマーの動画推しにより、動画が優先表示されるようにもなっているので取り組まずにはいられない」

しかも、動画からの流入やECの動画コンテンツからの購入率は高く、売り上げが伸びる傾向にあるという。スタッフが個人のアカウントでインスタライブなどを行っても反応は大きい。そこで、「ハードルは高いが、効果的」なユーチューブには専任部隊を置き、「パルクロチャンネル」を展開、ライブ配信は業界トップクラスの本数を配信している。

一方、店舗スタッフには比較的短尺なインスタグラムのリール投稿やティックトックから積極的に取り組むように推奨。インスタライブでは自宅から夜間に配信することも多くなるため、自身の趣味として取り組むこととし、自主性を尊重している。

【企業事例②】デイトナ・インターナショナル

デイトナ・インターナショナルが基幹ブランドの「フリークス ストア」でスタッフスタートのサービスを導入したのは2020年のこと。当時、所属する300人の店舗スタッフによるコーディネート投稿を自社ECサイトに掲載するとともに、店舗のSNSからECへ送客し、売り上げ効果を測定できるようにした。さらに、22年には「LINEスタッフスタート」の利用を開始し、現在全6ブランドのスタッフ500人が活用し始めた。

狙いは、さらなるOMOの推進、同社の掲げるキーワードでいうと「ユニファイド・コマース」の強化だ。

EC強化のためにリアル店舗は不可欠

1986年に創業したデイトナの21年度の売上高は286億円で、コロナ禍も含めて12期連続増収を果たしている。21年4月には創業者が退任し、投資会社のユニゾン・キャピタルが株式の過半数を取得。同年5月から新体制をスタートし、佐々木聡氏が社長に就任。6月にはユニゾンとのアドバイザリー契約を交わした加藤利典氏が事業に参画し、デイトナの取締役常務執行役員CDO（チーフ・デジタル・オフィサー）に就任している。

加藤氏はWebディレクターやシステムエンジニアを経て、04年からベイクルーズのシステム構築やEC立ち上げを手がけた人物。2010年代前半からスタッフ投稿やオムニチャネル戦略を推進するなど、ベイクルーズを業界屈指のEC売上高を誇る企業に成長させた立役者だ。

加藤氏の入社時、DXの観点ではベイクルーズに比べて5～6年後れをとっているように見えたが、「逆に伸びしろしかない」と感じたという。スタッフスタートは加藤氏が入社する1年ほど前から導入されていたが、入社当時は活用しきれていなかったからだ。

そこで、まずはユニファイド・コマースの思想に基づいて、店舗スタッフもオンラインとオフラインのどちらでも活躍できるよう、コーディネート投稿やブログ、ＬＩＮＥスタッフスタートなどのデジタル接客を「業務」に組み込み、評価制度にもつなげて強化してきた。

実は、すでにデイトナのＥＣ化率は約6割に達している。店舗を持たないＤ２Ｃブランドではなく、リアル店舗から事業を始めた企業としては異例ともいえる高水準だ。ＥＣは収益性が高い販売チャネルであり、うれしい悲鳴なはずだが、「できればリアル店舗とＥＣは半々の割合が理想」（加藤氏）と考えているという。

というのも、やはり小売業者にとって、リアル店舗は顧客接点や顧客ロイヤルティーの醸成において非常に重要な拠点だからだ。デイトナでは「ロイヤルティースコア」と呼ぶ指標を計測している。これは、企業やブランドに対する愛着や信頼を数値化し、顧客接点における顧客体験の評価・改善に生かそうというものだ。

その中で、**自社ECの「デイトナパーク（旧フリークス ストア オンライン）」の認知**

デイトナ・インターナショナル取締役常務執行役員CDOの加藤利典氏

経路を調べたところ、「約半数がリアル店舗が起点になっている」ことが明らかになった。特にロイヤルティーが高いユーザーほど、店舗で知り、ECに流入するルートを経ている。つまり、EC、さらには企業全体を強化するためには、リアル店舗を強化することが不可欠なのである。

また、リアル店舗とECを両方利用するクロスユースの顧客はARPU（アープ。顧客当たり平均売上高）がどちらか片方だけの利用者と比べて約4倍も高いことも分かった。ここでも、リアル店舗からの流入やクロスユースを伸ばすことがLTV（ライフタイムバリュー）の向上につながり、ビジネスインパクトが大きくなることが証明されている。そこで、デイトナではクロスユースを会社のＫＧＩ（重要目標達成指標）の一つに掲げ、それを達成するためのツールとして、スタッフスタートの活用を強化しているというわけだ。

もう一つ、加藤氏の入社当時、ＥＣの売り上げシェアのうち、ＺＯＺＯＴＯＷＮが９割近くを占め、自社ＥＣは１割ほどにとどまっていた。「顧客にわくわくするようなブランド体験を提供してロイヤルティーやＬＴＶを高めるためには、自社ＥＣ中心型へ構造転換することが不可欠」と加藤氏は判断した。その武器の一つとして、スタッフ起点でリアル店舗と自社ＥＣの売り上げや体験に貢献できるスタッフスタートを活用したいとしている。

すでにデイトナの自社ＥＣの売上高は前年比３００〜４００％ペースで伸長しており、ＥＣ全体に占めるシェアはそれまでの１割から３割近くに上昇している。これはスタッフのコーディネート経由の売上高がＥＣ全体の３〜４割を占めるまでに伸びているのと呼応した動きでもある。

では、どのように社内でスタッフスタートの活用を進めているのか。まず、同社は勉強会やＳＮＳ講習会などを実施して、スタッフ投稿の量だけではなくクオリティーの引き上げを行っている。投稿を業務として行うことで、店舗にもＥＣにも会社にもメリットがあり、スタッフ自身の活躍の場が広がるという理解を地道に浸透させている最中だ。同時に、データを基に効果を示し、納得感やモチベーションを高めることに注力している。

コーディネート投稿とブログ投稿は、時間や労力など負荷もかかるので、店舗単位を基本としながら、1人で担当するのか、あるいはモデル担当、撮影担当、書き込み担当の3つの役割を分業制にするかを、エリアマネジャーと店長が管轄しながら取り組んでいる。

一方、LINEスタッフスタートはスタッフ全員が運用。インスタグラムを中心としたSNSは、店舗アカウントに加えて、社内で選ばれた数十人が個人アカウントを運用しているところだ。オフィシャル系SNSは本部のDXマーケティングチームが運用する。

バニッシュ・スタンダードが主催する「スタッフ・オブ・ザ・イヤー」に対しても、全社を挙げて取り組んでいる。「出場者の投稿を見て、こうしたほうがいいと意見やアドバイスを伝えたり、お気に入り登録をするなど、社内で応援し合う風潮ができてきている。店舗スタッフのモチベーションアップにつながっている」と加藤氏は話す。

並行して、スタッフスタートの実績と連動した人事評価制度の設計に踏み込みつつ、足元ではアワード形式で年2～4回表彰することを両輪で行っている。現在のところ、評価は個人単位ではなく、店舗貢献度としているという。

デイトナパークのスタイリングページ

スタッフスタート導入の効果としては、「何よりも、実際に売り上げが伸びていることを実感することで、楽しんで取り組んでいる姿を見ることが増えてきている」と加藤氏。デイトナの強みは、スタッフの販売力が非常に高く、商売の意識が高い集団である点だ。スナップやブログ、ＬＩＮＥスタッフスタートなどを通じて、個々の顧客のエンゲージメントがより高まり、つながりが深まっている。そこから波及して、店舗スタッフ個人もフォロワーが増えるという流れができている。

デイトナの場合、20代前半から半ばのデジタルネイティブなスタッフが多く、スタッフスタートへの理解が進みやすい点も奏功しているという。エリアマネジャーが主体になって、データや好事例を集めてレクチャーや定例会などでフィードバックしている。

一方でいたずらにＯＭＯを推進していくと、店舗の負担がどんどん増えていくことになる。投稿だけではなく、店舗とＥＣの在庫を一元化しているため、商品の取り寄せなどの業務も発生する。「業務を簡素化してバックアップする体制や仕組み、システムをつくっていくことが重要」と加藤氏は話す。

実際、スタッフの負荷を減らし、少ないメンバーで回せるようなコンテンツやサービスを本部で開発して導入している。例えばオリジナルで開発したのが、「＋プラス ミラー」

だ。これは全身鏡をデバイス化したもので、内蔵カメラで全身撮影を行ったり、診断コンテンツを提供したりして商品をレコメンドでき、接客をアシストする。他にも、接客支援アプリを開発中だ。小売りは特にスタッフの採用が難しいところがあるので、人が足らないところを補う工夫を続けている。

また、それらに対応するためには、評価制度をしっかりと整えてインセンティブを上げていくしかない。その手段としてスタッフスタートは効果的だと捉えている。「バニッシュ・スタンダードの強い思いに感銘を受けて、ベイクルーズ時代にすぐに導入したところ、個人売上高が1億円以上のスタッフが何人か生まれた。リアル店舗だけだったら数千万円どまりだったが、ECやデジタル接客があるからこそなし得ているもの。逆に言えば、**ECが強い企業やデジタル接客を強化している企業は1億円プレイヤーを生み出せるポテンシャルがある**ということ。そのインセンティブが5％だったとしたら店舗スタッフはすごく稼げる仕事になるし、それが1％であってもかなりの収入アップにつながる。これは、店舗スタッフの価値が高まることにつながる」と加藤氏は話す。

LINEスタッフスタートをどう使いこなすか

デイトナにおけるＬＩＮＥスタッフスタート活用の主な狙いは、「全員プレス化計画」「自社ＥＣへの貢献」「貢献や効果の可視化」の３つある。

コーディネート投稿やブログは、チームや限られたスタッフが運用しているのに対して、ＬＩＮＥスタッフスタートは全員が取り組んでいる。スタッフ一人ひとりが自ら情報を発信していくとともに、存在をしっかりと打ち出すことで、顧客と深くコネクトして、エンゲージメントを高めている。また、商品紹介のリンク先を自社ＥＣとすることで、課題としている自社ＥＣへの売り上げ貢献を図っていく。

今後はＬＩＮＥスタッフスタートの取り組みを店舗に送客する流れにつなげていくことを構想中だ。現在はＥＣでの貢献データしか取れていないが、リアル店舗での売り上げや送客・トラフィックにどれだけ貢献したのかを可視化して効果測定をできるようにすることが、ＯＭＯ推進につながる。これにより、スタッフ一人ひとりが顧客にとってのパーソナルスタイリストとしての役割を果たせるようになると期待する。

業界的にはＬＩＮＥの個人アカウントを業務に活用しているケースも多いが、リスク回避やガバナンス（企業統治）を効かせる意味でも、会社の取り組みとして公式アカウントで行うことが重要だという。それを効果測定につなげていく。

こうしたスタッフスタートの取り組みやDXの推進を社内でうまく進めるには、「**クイックウィン（実績を出すこと）が一番**」と加藤氏。実際に入社半年で売り上げを飛躍的に伸ばしたことで、「この人の話を聞いてみよう」「やってみよう」という機運が盛り上がったという。

コロナ禍でリアル店舗での体験機会が減少していたが、今後はこれまで以上に店舗での体験価値が重要になってくる。店舗スタッフから直接接客を受けられるのも、商品に触れられるのも、人と一緒に買い物ができるのも、リアル店舗ならではの体験だ。これらの体験価値をECにも移植して、同じようなサービスや体験ができるように努めていくという。

さらに、メタバースやNFT（非代替性トークン）なども含めて、「ファッション版Web3（ウェブスリー）」としてバーチャルファッションやデジタルファッションの領域にも挑戦し、リアルファッションと連動させることにも本気で取り組んでいく。すでに、バーチャルインフルエンサーの実験を始めており、スタッフスタートとの連係も始めているという。

【企業事例③】ゴールドウイン

自社ブランドの「ゴールドウイン」をはじめ、「ザ・ノース・フェイス」「ダンスキン」などを手がけるスポーツアパレルメーカーのゴールドウイン。技術力の高いモノづくりと、双方向型のコミュニケーションを軸に、アスリートから一般のスポーツファンまで幅広い顧客層を有している。21年度の売上高は982億円（前期比8・6％増）、営業利益は165億円（同11・2％増）で、中期経営計画では25年度に売上高1250億円、営業利益210億円を目標に掲げている。EC化率の目標は30％で、中でも自社ECの成長に注力している。

OMO戦略として、「顧客体験とLTV（ライフタイムバリュー）の向上を重点課題に掲げ、従来の『売って終わり』から、購入前後の体験や場の提供という新時代のカスタマージャーニーの構築を目指している」とゴールドウイン販売本部EC販売部長の梅田輝和氏は話す。

その一環として、「ニューEC」と呼ぶ第3のサイトをオープン。ザ・ノース・フェイスの人気カテゴリー（マウンテン、キャンプ、ランニング）を軸に、店舗とECで共通の

ゴールドウイン販売本部EC販売部長の梅田輝和氏

顧客体験を提供する。さらに、サステナビリティーの観点を含めて、オーダーメイド型の「在庫を持たない、在庫を残さないビジネスモデル」にも挑戦。商品をより長く大切に使ってもらうために、渋谷パルコやグランフロント大阪、ミヤシタパークなどの店舗で行ってきたカスタマイズサービス「141 CUSTOMS」をデジタル上でも展開できるよう現在検討中だ。

また、デジタルツールを活用した顧客と店舗スタッフとの新しいタッチポイントとして、SNSやWebサイト、ECなどの各ツールの役割の明確化とさらなる活用も推進。オンラインとオフラインの両面でアウトドアをサポートするイベントや、ビデオ通話によるコンシェルジュサービスもスタートしている。

そんなゴールドウインがスタッフスタートを導入したのは2020年6月のこと。それまで他社のツールを使っていたが、「会社への貢献や会社からの評価、お客さまからの反応、購入率などがまったく分からなかった。店舗スタッフにしてみれば、『やらされている感』があるうえ、効果が分からないので、みんなモヤモヤしていた。時間もかかるし、忙しいからと、どんどん投稿数も頻度も減ってしまっていた」。そんな中、スタッフスタートは、業務の効率化と貢献度の可視化ができ、課題解決につながるツールだと判断し、採用を決めた。

直営店約150店舗のうち、アウトレットや百貨店インショップを除く直営店・プロパー店舗約100店舗で活用。最近では投稿経由売上高がEC売上高の50%近くに到達している。効果があることが裏付けられ、投稿やツール活用の重要性が社内で認められるようになった。

店舗・チームで取り組む理由とは？

ゴールドウインでは全店舗、内装デザインも品ぞろえも個店独自のもので、1店舗たりとも同じ店はない。それだけ個性や多様な顧客体験を大切にしている企業・ブランド集団だと言える。コーディネート投稿やウェブ接客、ライブコマースなどのオンライン接客についても、基本ルールやマニュアルは本社から提示するが、店舗の裁量が大きいのが特徴だ。

ただし、店舗には「自店に来店してもらいたい」「リアル店舗の売り上げを伸ばしたい」という思いが強く、EC担当者の「EC売り上げを伸ばしたい」という思いと必ずしも合致するものではない。**「OMOを本気で強化・推進するためには、『利他の精神』を持ち、全体最適や全社の売り上げ成長を目指すことが、一番重要なポイントになる**」と梅田氏。

そんな背景もあって、店舗ごとにチームで一丸となってオンライン接客に取り組むスタイルをとる。「テーマ決定」「コーディネート決定」「モデル」「撮影」「テキスト執筆」「アップ作業」など役割を分担しながら、制作時間も業務スケジュールに組み込んでいる。こ

ブランド賞を設け、スタッフの貢献に報いている

れに対して、デジタル活用で知見のあるEC担当者からは投稿のヒントを伝えたり、アドバイスをするなど、サポートに力を入れるようにしている。

今後は、人事の評価システムに組み込み、社としてオンライン接客や投稿の重要性を明示しつつ、全体の最適化にもつなげたい考え。その前段階として、21年から年1回、全国店長会議に合わせて貢献上位店舗を表彰するとともに、インセンティブの提供を開始した。店舗単位の分業制でコンテンツを制作しているため、表彰も店舗単位で実施。対象は上位10店舗と各ブランドの事業部メンバーが選んだブランド賞としている。ブランドごとの売り上げ格差を平準化するため、ブランド偏差値を算出。サイトの閲覧数なども考慮しながら納得感のある採点方法にし、評価の公平性につなげている。

表彰式も反響が大きかった。「上位店舗がどのような施策や運用をしているのか知りたい！」と店舗やスタッフから声が上がったため、エリア長を軸に月次のエリア会議やメール配信などで好事例を共有する施策も始まった。「次は1位を狙います」「表彰制度があることでモチベーションが上がっています」といったスタッフの声が本部に多く届くなど、取り組み意欲を刺激する好機になった。

世界遺産に位置する店舗からも発信

ザ・ノース・フェイスなどゴールドウインの商品は、ファッションとしても着用できるが、ブランドのコアバリューはスポーツにある。「適切な着用方法や正しいレイヤリング（商品や素材の重ね方）をしなければ冬山で事故になる恐れもあるし、けが防止やパフォーマンス向上といった機能をうまく発揮させることができない。スポーツアパレルメーカーとして正しい着用方法や使用方法を伝えることはとても大切なこと。スタッフスタート

THE NORTH FACE
/ HELLY HANSEN 知床
2021.05.12
THE NORTH FACEからクライムライトジャケットを使用したハイキングスタイルのご紹介です。
20デニールのGORE-TEX生地を使用したレインジャケットとレインパンツになります。
防水性と耐久性も高く生地もしなやかでパンツは足捌きがとてもしやすいです。
今回着用したサイズはアウターLサイズ、パンツはMサイズになります。
アウターはインナーに薄手シャツを重ね着し、
パンツはトレッキングパンツの上に着用しています。
是非コーディネートの参考にしてみて下さい。
モデル身長　164cm
Climb Light Style
防水
WOMEN'S
GORE-TEX
Tシャツ
山シャツ
レインジャケット
レインパンツ
リュック・バックパック
ハット
登山・トレッキング
着用アイテム
THE NORTH FACE
クライムライトジャケット（レディース）
NPW12003
¥33,000(税込)
着用カラー：ピークパープル
着用サイズ：L
サイズ・カラーを選択
カートへ追加
知床のスタッフによるコーディネート投稿

を活用して情報発信できる利点は大きく、かつ重要なツールになっている」と梅田氏。

ザ・ノース・フェイスは長野県の白馬や北海道のニセコ、知床、沖縄県の石垣島など、国立公園や世界自然遺産内に「フィールドショップ」と呼ぶ店舗を構えている。大自然のど真ん中で、安全性はもちろんのこと、文化的な側面からもアウトドアアクティビティーを支える重要な店舗だ。店舗の一歩外に出ると大雪原や大海原が広がっていて、例えば知床では白樺の原生林の中で時折ヒグマが出没するような世界でもある。

そんなエクストリームな環境の中でスタッフが撮影したコーディネート投稿は、格別なパワーを持っている。こうした店舗でもスタッフスタートの活用を進めることで、顧客は気軽に別世界のような投稿が見られる。そこを起点に欲しいと思ったアイテムをＥＣで即座に購入したり、フィールドショップから在庫を取り寄せたりすることもでき、貴重な購買体験を生み出しているという。

22年11月には恵比寿にオープンした新店で「グリーンバトン」をスタートし、新たな循環型モデルにも挑戦している。子ども向け商品から開始し、小さくなって着られなくなった服をユーザーから買い取り、そのまま、あるいは修理をして再販（リセール）するもの。ゴールドウインの本社がある富山に構えるリペアセンターで修理できる体制がそろっており、グリーンバトンでは店頭スタッフが買い取りや査定、リセールを行う。順次、大人ものにまで拡張していく予定だ。

最前線の店舗からスタッフが顧客に呼びかけ、顧客から生の声を受け取り、ＶＯＣ（ボイス・オブ・カスタマー）による商品やサービスを提供し、さらに情報を発信するという循環の輪が生まれつつある。モノを売ったその先の提案にも力を入れ、ＬＴＶを高めていく。ここでも店舗やスタッフからの投稿が生きると期待している。

今後の課題は大きく3つあるという。1つ目は「スタッフのコーディネート投稿を見て来店した」という人を可視化し、店舗スタッフのさらなるモチベーションアップにつなげることだ。2つ目は会社側・店舗運営チーム側がオンライン接客や投稿を業務として組み込んだうえで、スタッフの働き方やサポート体制の構築などを確立すること。リアル店舗の運営はやるべきことが多く、足元の仕事をこなすので精一杯という状況もある。その中で、スタッフがより高い意識を持ち、やりがいや納得感を感じて働き、評価され、離職も防げる体制をつくることが急務だという。

最後の3つ目は、店舗スタッフの役割が変わりつつある中で、もはや来店してくれた顧客に対応するだけではなく、新しい仕事を担う必要があることを店舗スタッフに改めて理解してもらうことだ。「社会の変化や店舗スタッフの役割の変化を受け入れ、リアルとデジタルを双方向で、当たり前のように全社でOMOを行っていくことが重要。その価値観や空気感を会社として醸成していきたい」と梅田氏は話す。

【企業事例④】ニトリホールディングス

家具・インテリアなどにおける日本最大の専門店チェーンであるニトリホールディングスは、主力事業「ニトリ」を中心に21年11月にスタッフスタートの活用を開始している。ニトリが重視しているのは、「お客様目線」と「コーディネート提案」、そして「教育」だ。ECやOMOの基本方針でも、「お客様が欲しい情報や商品まですぐにたどり着けるような導線設計」や、お客様ニーズを分析しながら「場所や時間を問わず、より便利で新しい買い物体験やモノを提供していくこと」を目指している。

23年3月期末に会員数1600万人到達が見込まれる「ニトリアプリ」（22年11月20日時点で1508万人）の各種サービスや、スタッフスタートを活用したコーディネート投稿は、それを具現化する大切な方法の一つとして位置付けている。

ニトリグループは全社を挙げて、暮らしの豊かさを世界の人々に提供することを志しており、その中で社員自らも自分らしい暮らしや空間づくりを楽しみ、それを顧客に伝えていくことを目指している。同社がスタッフスタートのコーディネート投稿機能を導入した理由も、まさにそこにある。

近年は、SNSなどを通じて目にする「実際の生活の中で使用されているシーン」をインテリアの購入や使用時の参考にしている顧客が増えている。そのため、従業員によるコーディネート投稿を強化することは、よりニーズに合ったコンテンツ発信につながる。従業員によるコーディネート画像を集めることで、自社ECの「ニトリネット」やカタログ、店頭POPなどのビジュアルコンテンツとして活用する狙いもある。「スタッフスタート」によって、アクセス数やEC売り上げへの貢献などが数字で分かるようになり、従業員のモチベーションアップにも寄与している」（ニトリ）

コーディネート投稿ごとに「教育マイレージ」を付与

スタッフスタートのコーディネート投稿は主に、従業員が自宅の模様替えや整理をした際に撮影されている。表彰やインセンティブが付く仕組みを用意して、暮らしにおける変化の機会に自身のコーディネートにチャレンジすることで、自分自身のスキルアップにつなげている。

投稿を行う従業員は導入当初の500人前後から2000人以上にまで増えており、年間で約4400投稿が行われている。

コロナ禍の巣ごもり消費の後押しもあり、EC売り上げはコロナ禍以前の約2倍に拡大し、客数や客単価も上昇しているが、スタッフスタートの投稿数や投稿者数も伸ばす余地が大きいという。


では、どのようにして投稿数や投稿者数を増やそうとしているのか。

ニトリはとても教育熱心な企業で、上場企業の平均の5倍という教育投資をしている。オンライン学習システム「Eラーニング」や「ニトリカラーコーディネートスクール」「グロービス学び放題」などが受けられるなど、学びの機会を多く提供して人材育成を行っている。自己育成を行い、結果を残した人には「教育マイレージ」が与えられ、教育マイレージがたまるとセミナーへの参加や、検定・資格受験料の補助など、貴重な機会を得られる仕組みもある。

コーディネート投稿についても、投稿方法やルールなどを教育するために社内ポータルサイトを用意。バニッシュ・スタンダードが提供した教育資料や、社内の商品コーディネート担当部署が作成したコーディネート理論資料、写真の撮り方についてのレクチャー動画などを公開し、全従業員がいつでも閲覧して学べるようにしている。

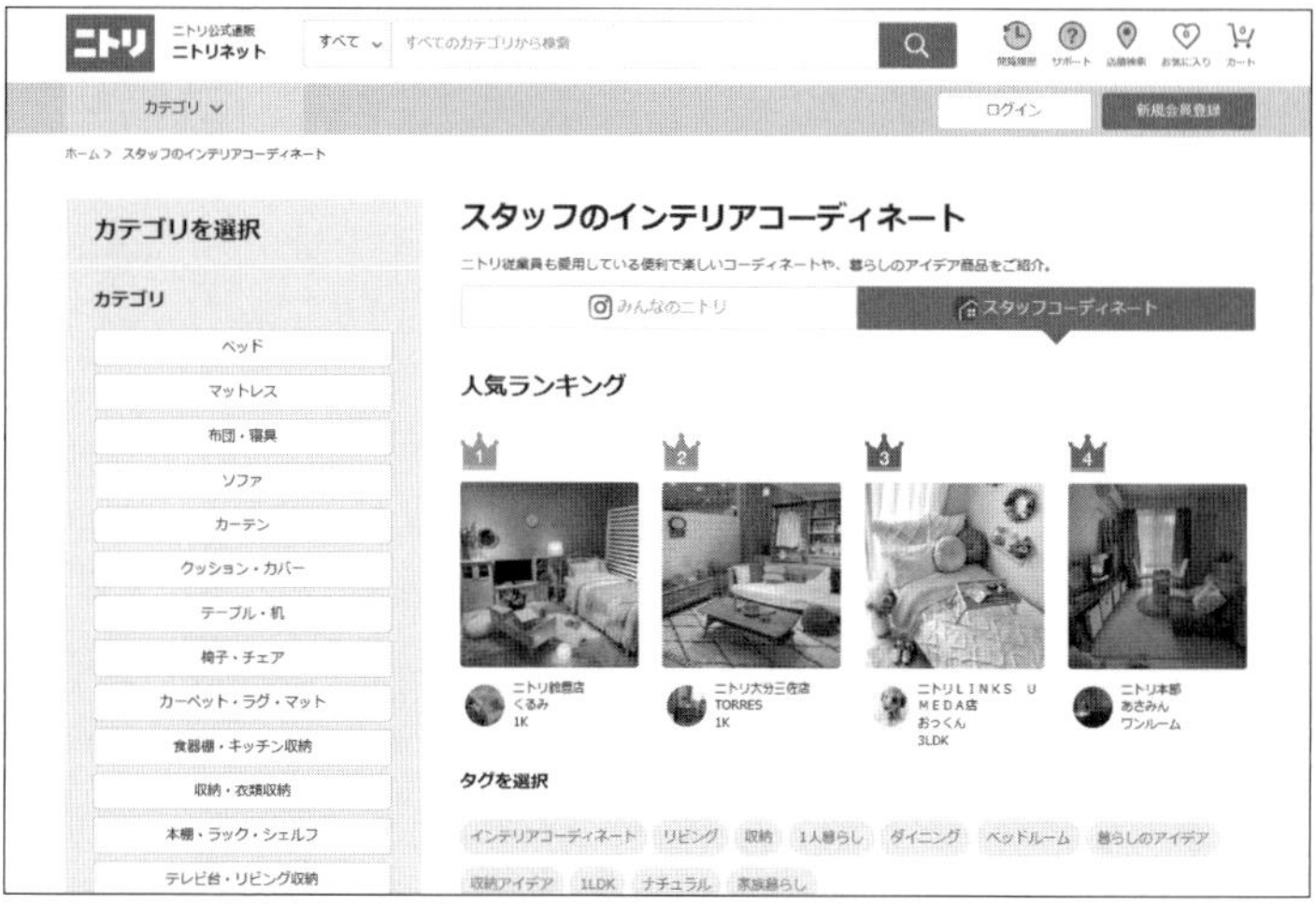

ニトリネットで紹介されている「スタッフのインテリアコーディネート」

また、**従業員がコーディネート投稿をするたびに教育マイレージがもらえるように設計。**1投稿ごとに付与され、SNSやPOP、ECなどに投稿内容や画像が2次使用されると、教育マイレージが追加されるようになっている。例えば、本社主導で撮影したものよりも、従業員が投稿したコーディネート提案のほうがリアリティーがある場合、売り場のPOPに使われることも多い。

ちなみに、ニトリの店舗内には「ルーム」と呼ばれる、コーディネートの部屋型プレゼンテーションがあるが、そこに従業員の投稿のアイデアを取り入れるなど、本部側でも投稿情報を吸い上げて活用する好循環を生んでいる。

また、**全店舗に置いている無料の「収納ブック」カタログは、広報宣伝部と協力して、一部をコーディネート投稿画像で構成してつくり上げている。**自分の投稿が全店で取り扱われるカタログに掲載され、多くの顧客に見られたり、仲間の従業員から賞賛されたりするのはうれしいものだ。画像に添付されるQRコードから投稿ページに遷移できるため、そこからEC売り上げにもつながっている。

22年には新入社員全員に教育の一環として、コーディネート投稿を実践する企画を行った。新入社員が実際に売り場でコーディネートを組んで撮影し、コメントを添えて投稿するもので、顧客の反応やECの売り上げなど効果を確認。研修で学んだことをアウトプットすることでコーディネート知識が高まり、今後も積極的に投稿するきっかけにもなると期待している。

実際、22年の新入社員の投稿比率は他の世代に比べて高水準で推移しているという。撮影したりコメントを書いたりすることを通じて、商品知識やコーディネート知識が高まり、リアル店舗に来店した顧客への提案力が上がっていくメリットもある。

ニトリが見つけた好反応な投稿「3つのポイント」とは

ニトリにとってコーディネートは事業の根幹をなす重要施策である。スタッフスタートを通じてニトリネットに投稿されたコンテンツは社内で定期的に行われている「コーディネートコンテスト」にも連携されている。このコンテストはデジタル販売事業推進室単体ではなく、教育の部署などを含めて全社を挙げて行う。暮らしを楽しみ、住まいにこだわりを持つ多くの従業員が、自宅のインテリアや空間演出などを投稿し、その素晴らしさを競い合う。寝室やリビングなど部門ごとに優秀賞を選出し、全社会議で表彰している。

ニトリには家一軒分や部屋のコーディネートで家具を主役とするライフスタイル提案の「トータルコーディネート」と、小さなスペースから始めるコーディネート提案の「スモールコーディネート」の考え方がある。家具の買い替えサイクルは約6年といわれ、トータルコーディネートは買い替え頻度が低く、投稿数も少なくなりがちだ。一方、スモールコーディネートは、例えばテーブルの上のランチョンマットや皿と料理を組み合わせるなど、ちょっとした工夫で投稿しやすくなる。そのため、コーディネートコンテストでは、買い替え頻度が高く、気軽に買えるスモールコーディネートの投稿の募集を拡充し、従業

スモールコーディネートの例

員が参加しやすい環境を整えている。

売り上げに結び付きやすい投稿には、いくつかの傾向があり、従業員に情報共有している。1つは「**お客様目線**」だ。「使用シーンや使用例など、その商品がお客さまの生活の中でどのように生かされるのかに言及したコメントが充実している投稿は、コンバージョンレートが高い傾向にある」（ニトリ）という。

2つ目は、「**複数の商品を組み合わせたコーディネートを投稿すること**」。ひも付けできる商品が多ければ多いほど投稿ページへの流入数が増えるためだ。ニトリの場合、投稿ページへの流入経路がＥＣのトップページから投稿一覧に遷移するケースと、商品詳細の下に表示された「この商品を使ったコーディネート」の部分から遷移するケースの2つがある。その中で、「この商品を使ったコーディネート」から入ってくる数の実数は、商品のひも付け件数が多ければ多いほど増えやすく、売り上げも向上しやすい。

3つ目は、「つっぱり壁面収納Ｎポルダ」など、「**もともと商品詳細ページ自体のＰＶ数が多い売れ筋商品や注目商品をうまく組み合わせた投稿**」は、アクセス数が高く、売り上げにつながりやすい。本社から投稿推奨商品とされているキャンペーンアイテムや「Ｎクール」「Ｎウォーム」をはじめとした人気の季節商材も、関連商品とのコーディネートを意識して提案することで、店舗、ＥＣともにセット購入を促進することになる。

コーディネートコンテストのたびに行う従業員アンケートでは、「コーディネート投稿がきっかけで、社内のコーディネート関連の資格を取ってみました」「インテリアコーディネーターの資格を取得しました」といった声も聞かれるという。コーディネート投稿が従業員の自己研鑽の好機として受け止められている証しでもある。

【企業事例⑤】三越伊勢丹

百貨店で初めてスタッフスタートを導入したのが、ＯＭＯの重要施策を「人」「店舗」「商品・ＭＤ」などの価値向上とする三越伊勢丹だ。デジタル推進の方針として、「顧客データの蓄積と利活用による、リアル店舗とヒトを融合したマーチャンダイジング」の実行を掲げ、４つのＤＸ「オンラインショッピング」「デジタル接客ツール」「デジタルマッチング」「デジタル訴求」を活用した最高の顧客体験の提供を目指している。

自社総合サイトとしてファッションやホーム・キッチン＆アート、ギフトなどを扱う

「三越伊勢丹オンラインストア」と、化粧品「ｍｅｅｃｏ（ミーコ）」、食品宅配サービスの「ＩＳＥＴＡＮ ＤＯＯＲ」、ラグジュアリーブランドを扱う「ＩＳＥＴＡＮ ＭＩＴＳＵＫＯＳＨＩ ＬＵＸＵＲＹ」などを展開。ＥＣ売上高は、コロナ禍の影響が少なかった19年度に２００億円（前期比19・０％増）だったものが、20年度には20年６月に総合サイトやアプリをローンチしたこともあり３１５億円（同57・５％増）と大幅に伸長した。そして、21年度には３７２億円（同18・１％増）に到達。24年度には19年度の３倍となる６００億円を計画する。

そんな三越伊勢丹がスタッフスタートを導入したのは21年４月のことだ。「ＥＣのＵＸ（ユーザーエクスペリエンス）を向上してコンバージョンレートを高める施策の中で、コーディネート提案は必要不可欠だった。数々の施策の入り口や導線として**スタッフ投稿を活用し、百貨店のリアルの売り場とオンラインストアをシームレスにつなぐことで、顧客体験とスタイリスト（販売スタッフ）の販売体験をともに向上させるのが狙い**。スタッフスタートは売り場やスタイリストの評価、モチベーションアップという意味でも興味深いサービスであり、ＥＣの成長だけではなく、リアル店舗も強くなっていくと期待した」とオンラインクリエイショングループメディア運営部マネージャーの田代径大氏は話す。

百貨店からも個人の主義主張や世界観を発信へ

百貨店は小売業の中でも特に安心・安全・信用・信頼を重んじる業態で、コンプライアンスやリスク回避の意味もあり、長い間、店舗スタッフ個人の情報発信に消極的だった。三越伊勢丹も例外ではない。そこに風穴を開け、個人の主義主張を生かして価値の高い発信ができる人材を育成・活用したいという課題もあった。

百貨店のビジネスモデルが時代とともに変化する中で、三越伊勢丹は自社店舗スタッフによる自主運営売り場を継続し、ブランドのインショップとのハイブリッド型で営業している。ブランドのインショップとの契約も、売れたら売れた分だけお互いが儲かる〝一蓮托生型〟とし、共に売り上げを伸ばす武器を手に入れたいという思いもあった。

そこで、コンプライアンス担当なども交えながら、19年からはスタッフ個人のＳＮＳアカウントで自身の名前と三越伊勢丹のスタッフであることを名乗りながら、プライベートで発信することに近い感覚で発信できる制度を開始。現在では約１００人が活動し、業務として認められるようになった。

さらに、スタッフスタートの導入により、伊勢丹新宿店の婦人、紳士、リビング（イン

三越伊勢丹オンラインストアのスナップ紹介ページ（注／画像はイメージ）

テリア）のカテゴリーで、２００人のスタッフがコーディネート投稿の運用を開始。現在ではベビー・子どもにも拡大し、運用スタッフ数は４００人規模、対象アイテムは約８万品目に増加している。

　投稿に際しては、写真の撮り方や推奨構図、プロフィールやコメントの書き方などをテキストとビジュアルでまとめたＴｉｐｓ（ヒントや秘訣という意味）と呼ぶ共有資料を活用する。「カメラをあおったり俯瞰したりし過ぎない」「写真の色味を変えない」といった注意事項から、「コンバージョンレートが高まる投稿時間帯や掲載順序」などの活用法まで掲載している。「ご購入いただくためのコツ」を5〜10分程度の動画にして浸透させる試みも実施。直接店頭に出向いて投稿や活用方法のレクチャーも行う。その甲斐あって、「Ｔｉｐｓを守ることが結果につながる」という認識が広まり、好循環が生まれているという。

ちなみに、インテリアは業界内でも比較的早いタイミングで活用が進んだ。投稿内容については事前に半年間かけてチームと議論。「再現性」を重視しながら、最適な形、あるべきフォーマットを設計した。世界観が重要な商材のため、投稿のトーン＆マナーをそろえ、「生活感を出し過ぎない」「人を入れない」などをルール化したという。

撮影場所は、店頭または自宅が中心で、「中にはびっくりするくらい家がおしゃれなスタッフもいる。店頭での装いや接客では分かりにくかったが、コーディネート投稿というオンライン接客によって新しい魅力を発揮する自己表現方法にもなっている」（田代氏）。**「センスが良い」「着眼点が良い」「コメント力がある」「商品知識が深い」など、社内リソースの掘り起こしにもつながっている。**

一方、アパレルでは、テイストがモード系からクラシック系まで幅広く、アイテムによ

って も最適な接客方法は異なる。自由度を高めつつ、「背景はシンプルに」「画像の上下の余白量をそろえる」など最低限の統一を行っている。というのは、多様な体形のスタッフが登場する中で、一覧で見やすく、バランス感を分かりやすくするためだ。「従来のモデル撮影によるイメージブックであれば、寄り画像や引き画像などを交えてリズム感を演出するのが一般的。だが、コーディネート投稿のようにたくさんの画像が並ぶ中でサイズ感がバラバラだと、見ていて落ち着かない気分にさせてしまう。あえてカタログの感覚で気持ち良く並んだ状況を目指している」（田代氏）

コーディネート投稿は「資産」、コンバージョン約1・5倍に

三越伊勢丹オンラインストアは、「買う（ショッピング）」ページに加え、〝メディアコマース〟を合言葉にして記事とECを融合した「読む（マガジン）」ページを運営しているのも特徴だ。中でも関心を集めるのがコーディネート記事。従来は商材をピックアップし、コーディネートを組み、撮影し、原稿を書く……など、時間をかけてつくり込む必要があったが、スタッフスタート導入により、投稿画像の活用や連動企画化が進み、コンテ

ンツ制作の手間もコストもスピード感も大きく改善したという。
読み物のコンテンツにコーディネート投稿を自動掲載するツールを21年8月に導入。例えば、秋冬ファッションの記事であれば、「秋の着こなし」や「ボリュームシューズ」などのキーワードやタグを読み込むだけで、該当するスナップが記事中に自動掲載される仕組みだ。以前なら人力での選定作業が必要だったが、リアルタイムに連動して鮮度の高いスナップが上がり続ける。これにより情報発信力の強化や販売機会ロスの削減にも寄与している。
これらのコンテンツから、スタイリストや担当ショップ、アイテムのまとめページやSNSなどに飛ぶこともできる。回遊性が高まり、滞在時間も長くなるため、コンバージョンレートの向上にもつながる。**「コーディネート投稿を見たお客さまは、見ていないお客さまに比べて、買い上げ率が約1・5倍、客単価も2倍近い」**（田代氏）
送料無料キャンペーンや購入者へのノベルティー配布など、コンバージョンが高くなる施策は他にもある。だが、三越伊勢丹が大切な指標としている「お客さまの満足度」と「ROAS（広告の費用対効果）」を担保できるツールは、実はあまりない。例えば、購入理由が「送料無料だから」では一過性の購買にすぎず、次も送料無料にしないと買ってく

インテリア分野のスナップ（注／画像はイメージ）

れない状態になりがちだ。表面的な満足度が高いだけで、LTVを前提とするとROASも下がってしまう。コーディネート投稿でつながる顧客の購買体験とは別物なのだ。

コーディネート投稿は、返品の減少にも寄与している。ECの商品画像がスタッフの投稿に変わることで、親近感が持てたり、着こなし方が納得できたり、モデル着用時と実際とのイメージのかい離が起きにくくなっている。これは「満足度が高い購買体験を実現できている」と理解できるもので、上顧客化にもつながっている。さらに、「間違いなく高価格帯の商品がスタッフの投稿で売れていく傾向にある」（田代氏）と、客単価も向上。**コーディネート投稿経由で20万円近いコートや、10万円超えの椅子がコンスタントに売れる現象も起こっている。**「着用シーンや家に配置した際の雰囲気などがつかみやすく、購入しやすさにつながっていると感じている。魅力的なツールなので、会社としてもっと活用していきたい」（田代氏）

ＥＣ売り上げを店舗と連動、「リ・スタイル」が成功モデルに

ＥＣの売り上げをＥＣ本部が握る企業が多い中、三越伊勢丹ではリアル店舗・売り場とひも付けているのが特徴だ。例えば、婦人のセレクトショップ型の自主運営売り場「リ・スタイル」や「プライムガーデン」はＥＣで商品が売れるとショップの売り上げに計上される。ＥＣと店舗、どちらで売れても店舗の評価につながるので、ＯＭＯの大きな推進力になる。

特にリ・スタイルはスタッフスタート活用とＯＭＯの成功モデルになっている。百貨店

では取扱商品の数が膨大なこともあり、ECに全商品を掲載することは難しい。だが、リ・スタイルでは「店頭の商品とオンラインの商品を限りなくマージさせたい」と、店頭で販売する全商品のEC掲載を目指してきた。現在、カバー率は85〜95%だが、ECで1週間先行販売したり、ECの売れ筋を機動的に店頭の品ぞろえに反映してヒットにつなげるといった工夫もしている。

また、コーディネート投稿の専属担当者を売り場に配置し、「スナップ掲載網羅率」の目標も追加している。「店頭の商品をECに掲載する」「新規入荷商品を掲載する」「EC先行商品のコーディネート投稿をつくる」という3つを一気通貫で回していることが奏功。リ・スタイルが、コロナ禍でもリアル店舗、ECとともに予算を達成する原動力になっている。

「リ・スタイルで扱う服はデザイナーズブランドが多く、例えばストリングス（ひも）をどう結べばよいのか、どうコーディネートしたらいいのか分かりにくい商品も多い。だからこそ、着こなしのお手本としてビジュアルで見せることはとても有意義な情報になっている」（田代氏）

三越伊勢丹のECサイトでは週ごとにコーディネート投稿のランキングを出しているが、

リ・スタイルのスタッフが上位を占めており、「名実ともに三越伊勢丹を代表する売り場やスタッフに育っている」（田代氏）という。

今後の課題は、投稿者の増加と、個人の実績に応じたインセンティブの導入だ。現状でもECの売り上げが店舗・ショップの実績となる仕組みがあるため、部署としては評価につながるが、今のところスタッフスタートで可視化された実績をベースに個人にインセンティブを出したり、アワードなどの表彰で報いることはできていない。

「コーディネート投稿は、現状では各人に内容や投稿タイミングを委ねているため、公平性や妥当性をどう担保するかが課題。ただ、今後はさらに目覚ましい実績を上げる人も出てくるはず。ゆくゆくは1億円プレイヤーも出てほしいし、個人評価やインセンティブを提供できる仕組みに会社を変えながら、スタッフの経済的な満足度と承認欲求的な満足度とをバランスよく高めていきたい」（田代氏）

また、スタッフスタートと、社内外のさまざまなサービスとの連携も今後の課題だ。例えば、3Dスキャナーを使い、僅か5秒で体形データを可視化し、その計測結果を基に最適な洋服のコンサルティング接客ができる「マッチパレット」や、「パーソナルカラー診断」「骨格スタイル分析」、さらには専門資格を持つ伊勢丹のスタイリストが診断結果から

〝似合うスタイリング〟を提案する「イセタンスタイリンググローブ」など、ユニークなサービスは多い。

特に連携が期待されるのが、「三越伊勢丹リモートショッピングアプリ」だ。レディース、メンズ、呉服、アートなどの売り場に対して、お客さまが探している商品や欲しい商品などをチャットで尋ねたり、オンライン上で接客を受けられたりする。欲しいものが見つかったらその場でスタッフが商品登録しＵＲＬを送付、そこから簡単に購入でき、商品が自宅に届くという、まさに「お店が丸ごとオンライン化できるツール」である。

例えば、リモートショッピングアプリを活用すれば、期間限定の取り扱いとなるポップアップ店舗の商品もオンライン上の接客を通じて簡易的にササゲ（採寸、撮影、原稿）をし、販売することが可能。通常のＥＣでかかるササゲのコストも、掲載までのタイムラグも削減できる。

今の時代は、お客さまの好みが細分化し、「みんながこの人のまねをしたい」「これを着ていれば、持っていれば大丈夫」という時代ではない。一方で、「この人のインスタグラムがすてき」「お薦めするものが好き」など、ファンの共感を集めて売り上げを伸ばしているスタッフも多い。

「お客さまが『好きなスタッフ』『同じサイズ』『似たセンス』のスタッフをフォローすれば、自分の分身かのように〝バーチャルショッピング〟〝代理購買〟の参考にしていただける。スタッフが100人いれば100通りの『答え』があるのがすごく面白いし、効果も期待できる。主義主張をもっと際立たせる方向でスタッフスタートの活用を強化していく。そして、コーディネート投稿の1対Nの関係性を入り口に、ロイヤルカスタマー向けのプレミアムサービスとして1対1のパーソナルサービスへとつなげていきたい」（田代氏）

【企業事例⑥】イオンモール

国内外で約200の商業施設（ショッピングモール・ショッピングセンター、SC）を開発・運営するイオンモールは22年度までの中期3カ年経営計画で、経営課題および目指す姿として「海外事業の利益成長の実現と新規出店の加速」「次世代モールの構築と都市型SC事業の推進」「中期戦略の推進とESG（環境・社会・企業統治）視点に基づく改

イオンモール成田

革の加速」と並び、「ＣＸ（顧客体験）の創造によるリアルモールの魅力の最大化」と「ＤＸの推進」を掲げてきた。

特に、「ＣＸの創造によるリアルモールの魅力の最大化」では、リアルの体験価値を追求し、お客さまが集う場をつくり、モールのファンを増やすことに注力。新しい売り場や業態の開発、機能向上などに加え、お客さまへのサービス向上につなげてきた。

また、「ＤＸの推進」では、〝ヒトの想い〟を中心としたＤＸの実現をビジョンに掲げ、国内外約２００の商業施設から得られる知見とデジタル技術を組み合わせ、お客さまのライフステージや趣味嗜好に寄り添ってパーソナライズされた新しい価値を提案することで、利便性と満足度の向上を図ることを目指している。

その一環として、地域や外部パートナーとのデータ連携やデジタル技術活用などを推進。顧客接点として、「イオンモールアプリ」のダウンロード数やアクティブ率、クーポン利用数の向上、ライブショッピングの普及・拡大などを行ってきた。出店テナントに向けて、顧客行動データ分析のインフラ整備や出店者を支援するＯＭＯプラットフォームの構築などにも着手している。

そんなイオンモールはＯＭＯの基本戦略として、オンライン・オフライン双方から、お客さまにも専門店スタッフにもアプローチすることを念頭に、『共感』を生み出して新たな価値創造につなげていくことを目指している。「リアルな価値を創出する商業施設とデジタルを融合することで、専門店（テナント）の商品やお薦めのコーディネート提案、専門店スタッフの紹介など、新たな来店動機となり得る情報をデジタルの力を活用し、分かりやすく可視化していくことが重要だと考えている」と、イオンモールＣＸ創造本部マーケティング統括部デジタル推進部長の川原田將詞氏は話す。

特に、２０２０年からのコロナ禍で、商業施設も営業時間の短縮や来店客数の減少など、かつてない大きな試練を経験した。イオンモールも例外ではない。中でも外出する機会の減少による影響を受けたのが、アパレル業態の専門店だった。Ｗｉｔｈコロナの生活が当たり前になり、来店客数や売上高は徐々に戻ってきてはいるものの、お客さまの購買意識や購買行動は変化し、新たな顧客価値創出に向けた早急な対応が求められている。特にアパレル企業は収益性の向上とサステナビリティーの観点の両面から、商品数を絞り込んだり、ＥＣを強化したりするなど、商品のつくり方や売り方も大きく変化している。

「従来イオンモールでは館内にマネキンを並べて、専門店の商材を活用したＶＰ（ビジュアルプレゼンテーション）を行ったり、専門店のポスターを掲示したりすることで露出機会を高め、ＰＲの場を創出してきた。それをデジタル技術で置き換え、顧客とのタッチポイントを増やし、専門店の来店動機や売り上げの向上につなげるための新しい営業支援策の一つとしてスタッフスタートと連携した新たなＰＲ手法に取り組んでいる」（川原田氏）

デジタルサイネージにスタッフ投稿を掲出

スタッフスタートを活用し、イオンモールで働く専門店スタッフが発信するお薦め商品やコーディネート提案などを、館内のデジタルサイネージで配信する取り組みを開始したのは22年7月のこと。全国のイオンモールには、SNSで多くのフォロワーを抱えるインフルエンサー店舗スタッフやECでも売り上げを拡大するスタッフなど、オフラインだけでなく、オンラインでも活躍する店舗スタッフが在籍している。「**スタッフスタートで活躍している著名スタッフが多く在籍していることがイオンモールの強みであり、資産でもある。**そこにスポットライトを当てて、その存在を可視化することや、お客さまとの接点を増やして、実際に専門店を訪れてさらに買い物を楽しんでもらえるようにすることが狙い」(川原田氏)

スタッフスタートと連携した最新のデジタルサイネージは、縦型のパネルを3つ連ねることで、ファッションの着こなしや動きなどを表現しやすくなっているのが特徴だ。これを正面エントランスや催事場など、人通りの多い場所に設置し、多くの人々の目に留まるようにしている。

「**動きのないマネキンに比べて、ヘアメイクなども合わせてスタッフが実際に着用しているシーンを訴求することで納得感が生まれる。**また、マネキンだと着せられるのは1店舗で1コーディネート程度と紹介できる量が少なく、着せ替えの労力も必要だったが、コーディネート投稿と連動することで紹介できるコンテンツが豊富になる」(川原田氏)。季節

イオンモール成田に設置された最新のデジタルサイネージ

や天候、イベントなどに合わせて、スタッフが投稿したタイムリーな内容を表示できるのもメリットだ。

このデジタルサイネージは、22年7月のイオンモール成田を皮切りに、宮崎、土岐、つくば、レイクタウン、豊川に順次導入している（イオンモール豊川は23年4月開業）。活用するバロックジャパンリミテッドは、「当社は18年からスタッフスタートを利用し、店舗スタッフのＳＮＳを通じて商品の販促や接客を行い通販や店舗への誘導を行ってきました。このたびの取り組みで、売り上げへの相乗効果のみならず、来店経験のないお客さまにも店舗に足を運んでいただき、当社が強みとする接客力と提案力で、店舗スタッフやブランドのファンになっていただけるといった新しい購買体験ができると考えております」とコメントしている。

「共感から共創につなげていきたい」とイオンモールの岩村康次社長は常々語っているが、デベロッパーと専門店、そしてリテールＤＸを支えるベンダー企業とが共感し共創につなげ、顧客満足の向上とリアルの商業施設の価値向上を目指すことになる。

chapter

5

カリスマ店舗スタッフのオンライン接客術

オンライン接客で成果を上げる6つのポイント

ここからは店舗スタッフの方々に向けてスタッフスタートを活用した上手な投稿方法や取り組み方を紹介していきたい。コーディネート投稿は「全スタッフ参加型」が理想。一部の限られたスタッフだけではなく、まさにあなた自身が当事者だ。

投稿のハードルは大きく3つある。1つ目が「始める」こと。2つ目が初回投稿した後に「継続する」こと。そして、3つ目がなかなか成果が出なくて我慢が強いられる期間を「乗り越える」ことだ。まずは、あなた自身が投稿についてポジティブに捉えて楽しむこと。そして、「自分の投稿でこんなに売れた！」という成功体験を積み重ねていってほしい。

それでは、具体的にどうするべきか。成功のための6つのポイントを挙げていこう。

①プロフィール欄をうまく活用する

スタッフスタートを活用するうえで、とても重要なのがプロフィール欄。アパレルなら身長、体形、所在地、出身地、好きなモノなどに加え、骨格診断やパーソナルカラー、インテリアなら家族構成や間取りなど、**自身の個性が分かるよう情報を増やすことが重要と**なる。その個性との共通項があることで初めて、オンラインの〝大海原〟の中から「この人がいいな」「この人が気になる」とお客さまに気付いてもらえるからだ。そうして店舗では出会えるはずもなかった日本中のお客さまとマッチングされるからモノが売れる。

例えば、アルペンの店舗スタッフのプロフィールは秀逸だ。自身の趣味やスポーツ歴、得意なスタイルなど、その情報量や熱量が高く、見ているだけで楽しくなるし、共感する人とつながりやすくなる。また、ワイン専門店のエノテカの店舗スタッフの場合、資格情報や経歴、好きなワインのタイプなどをプロフィール欄で分かるようにしている。商品知識はもちろん参考になるが、「この食材とペアリングしたらおいしかった」といった、スタッフの生の声に対する反響は想像以上に大きくなっている。

コーディネート投稿が売り上げやフォロワー増につながっている店舗スタッフの多くは、もちろん人々の興味関心をひく投稿ができているわけだが、ネット上のトラフィックや回遊性を意識したコメントなども奏功している。スタッフ投稿のプロフィール部分に自身のインスタグラムのリンクを入れたり、逆にインスタグラムのコメント欄には「プロフィールからECサイトをチェックしてみてね」というフレーズを入れたりしている。

多数のトラフィックがある自社ＥＣの投稿からインスタグラムへと導線を引き、フォロワーやファンの獲得につなげていて、インスタグラムからの送客にも気を配っているのだ。そうして増やした**フォロワーやファンに向けて、自身の出勤日をインスタグラムにアップするのも定番**。こうするとリアル店舗への来店促進も可能になる。

②「1日3投稿」を実践する

コーディネート投稿を行う店舗スタッフ数を増やすことと同じぐらい、１人当たりの投稿回数を増やすことも効果的だ。スタッフスタート経由の売り上げトップの店舗スタッフたちは、月に１００回、１日平均３～４回も投稿していたり、１投稿で複数の画像をアップしていたりする。**投稿数は、リアル店舗でいうところの接客回数に当たり、お客さまとの接触回数を増やすことが、結果的にファンを増やすことにつながる。**

それだけの量のコーディネートを考えて、着替えて撮影し、一つひとつコメントをつけてアップするとなると、時間もかかる。けれど、毎日の生活や仕事の中で、撮影場所や撮影タイミングをある程度決めておくことで少しは楽になる。例えば、通勤スタイルを撮影した後、店頭商品と組み合わせたスタイリングを撮るだけで2回分の投稿が確保できる。また、週に2回ほど計画的にまとめ撮りする時間を設けることも有効だろう。こうすると、忙しい中でも1日3投稿をクリアすることはそれほど難しくはないはずだ。ここにオフスタイルの投稿が加われば、よりバリエーションは広がることになる。もちろん、厳選した商品や画像だけを投稿するカタログ的な使い方もあるが、一度、投稿量を増やしたパターンも試してみてほしい。

③三脚も活用して1人で撮る

投稿画像の撮影は、被写体となるスタッフと撮影するスタッフ、あるいはお互いが交代で撮影するなどして、2人組で稼働するケースが多い。けれど、それが常に最適とはいえない。2人で行動するにはスケジュールの調整が必要になるし、着替えなどの待ち時間でロスが意外と発生するものだ。

今はiPhoneなど**高画質なスマホと三脚があれば、一定のクオリティーの撮影は可能だし、自宅や店舗の鏡をうまく使って写真に変化を出す手もある。**1人だと気軽に撮影できるため、負荷を軽減しながら投稿回数を増やせてパフォーマンスは向上する。

もちろん、ロケ撮影や、高性能なカメラでこだわりの画像を撮りたいという場合もあるし、それによって撮影者も被写体もモチベーションが上がり、クリエイティビティーを発揮することで共感するファンづくりに役立つというケースもある。それぞれで楽しく、息を吸うように自然体で気軽に撮影・投稿ができるのが理想的だ。

④楽しんでいることが伝わる投稿に

見ていて楽しい気分になる投稿にはファンがつきやすい。例えば、2年連続で「スタッフ・オブ・ザ・イヤー」のファイナリストになったパルの「ミスティック」新宿ミロード店の森川小百合さん（現在はミスティックECプロモーション担当）も、最初から投稿がうまかったわけではない。身構えてぎこちない雰囲気だったものが、徐々に背景や撮影の角度、コーディネートなどのパターンが広がり、表情も柔らかくなり、ファッションを楽しんでいることが伝わってくる写真が増えてきた。すると「森川さんって、こういう人なのね！」と理解が進んで、フォロワーが増え、売り上げも伸びている。**オンラインもオフ**

ラインも、ショッピングの本質はエンターテインメントであることを改めて思い出してもらいたい。

⑤「誰に届けたい投稿なのか」を意識する

リアル店舗でも、顔見知りで親しいお客さまと初来店のお客さまでは、ヒアリング方法や商品の提案内容などをおのずと変えて接客しているはずだ。コーディネート投稿やライブ配信などのオンライン接客は、店舗以上に様々な人の目に触れて重要なタッチポイントになるものなので、**一つひとつの投稿ごとに「どんなお客さまに何を伝えたいのか」を意識することが大切だ。**

例えば、すでに自社ブランドを愛用してくれているお客さまに対しては、紹介する商品を既存のどんな商品と合わせればよいのかといったスタイリング情報が喜ばれるだろう。また、今シーズン持っておきたいアイテムであれば、幅広い人々に対して興味関心を持たれるようにトレンドを解説したうえで、「他のブランドや商品と比べてこの商品が優れている部分はどこなのかをアピール」する。これがお客さまの買いたい気持ちを刺激することにつながる。

コーディネート投稿などでは「♯（ハッシュタグ）」をうまく活用しながら、ブランドや店舗が推奨しているテーマやトレンド、どんな人に興味関心を持ってもらいたいのかなどを明記することもポイント。お客さまへの訴求力を高めるとともに、投稿が自社ＥＣの画像や特集などにピックアップされやすくなり、売り上げアップにも大きく寄与できるきっかけとなる。

⑥リアル店舗での投稿撮影をエンターテインメントに

店舗スタッフが日々の業務の中でコーディネート投稿やオンライン接客を本気で、かつ、効率的に行うには、一番長い時間を過ごすリアル店舗内でコーディネート組みや着替え、撮影、写真セレクトや加工、コメント作成、投稿作業などができるようになるのがベストだ。スタッフが気軽に着替えて撮影もできるように試着室を改装したり、営業時間中に撮影やライブ配信などができるようなスペースを設けたりするなど、工夫を始めている企業や店舗も増えてきている。また、買い物客側の意識も変化し、オンライン接客も見慣れたものになりつつある。

店舗スタッフは、お客さまがいないときを狙って隙間時間で行うことが多かった撮影や投稿といった業務を、**お客さまがいても自然と行えるようにスマートな立ち居振る舞いを身につけたり、むしろ見ていたくなる楽しいエンターテインメントにまでクオリティーを高める**など、リアル店舗を自身が輝くステージとして捉え直すのもいいだろう。

注目スタッフが明かす、オンライン接客の極意

スタッフスタートを活用している店舗スタッフのアカウント数は、今や18万に達している。その中でも各社一押しのスタッフに、オンライン接客への向き合い方や、投稿の極意などを聞いた。

バロックジャパンリミテッド　村岡美里さん

「店頭で培ったスキルを最大化するツールが『スタッフスタート』だと考えています」というのは、スタッフ・オブ・ザ・イヤーの初代グランプリに輝いたバロックジャパンリミテッドの村岡美里さんだ。当時は「リエンダ」のソラリアプラザ（福岡）店勤務で、全社トップクラスの売り上げ実績を認められて東京本社に異動が決まっていたタイミング。約7万人の店舗スタッフの頂点に立ち、その実力を証明した。2021年11月から販売を統括するデジタルマネジメントチームでスタッフ教育の一環としてSNS指導を行っている。

店頭でやっていた努力がオンライン接客につながっている

村岡さんは店舗勤務時代からファンが多く、インスタグラムを始めてすぐにフォロワー数が1万人を突破。「SNSに投稿すると、お客さまがコメントしてくれたり、ストーリーズに上げてくれたりして、どんどんファンが広がっていきました。店頭でやっていたことがSNSにもちゃんとつながっているなという印象がありました」

バロックジャパンリミテッド デジタルマネジメントチームの村岡美里さん

商品紹介などの投稿は反響がある一方で、登録に手間暇がかかってしまっていた。

「スタッフスタートのアプリが導入されたときは、こういう仕組みがあればいいなと思っていたので、『きたきたー！』と喜んで活用しました」。一番の評価ポイントは、「売り上げや閲覧などの数字が可視化できる点」。それまでインスタグラムからECに飛ぶURLを張り付けても、そこからどれだけ購入されているかは分からなかったし、インスタグラムの反響も、実際に店頭でお客さまからその画像を見せられたときやコメント数などでしか反応が見えなかったという。

特にありがたかったのは、「ある程度想

村岡さんのコーデ一覧

定はしていたのですが、SNSの『いいね！』と、実際に売れるものが違うことも多いので、投稿の反応と売り上げ貢献を両方知ることで、より販促を意識した投稿がしやすくなったこと」と村岡さん。

ソラリアプラザ店時代には、店長をはじめ、SNSに積極的なスタッフも多く、「このスタイリングは絶対に人気になるやん！」と盛り上がって投稿したり、ランキングの上位に入って一緒に喜ぶなど、感覚がつかめてくるとどんどん楽しくなり、より成果が出るという流れをつくることができた。

ただし、「店舗ごとのSNS格差はすごく大きかった」という。ソラリアプラザ店ではリエンダのブランドオフィシャルスタッフが5人中3人いて積極的にSNSを活用していたが、誰もやっていない店舗もあった。「きちんと活用している店舗は売り上げのレベルが違うと、当時から感じていました」

全社を挙げたイベントやフェアなどの企画の開催時はもちろんのこと、出店先のファッションビルやショッピングモールなどが行うローカルの独自イベントなどでは、一層その力が発揮された。「SNSやインスタライブなどオンラインを通じてお客さまに直接呼びかけることで、通常は少ない朝の時間帯も含めて多くのお客さまに来店いただけるという自信もありました。拡散力とリアルタイム性があるのでフル活用していましたね。前夜に『明日、何時に来られますか』とやり取りするだけでなく、当日も『お店でお待ちしてます！』など、お客さまとコメントを通じて常にコミュニケーションをとるようにしていました」

お客さまを覚えるのはリアルでもオンラインでも一緒

「ライブ配信によるオンライン接客では、店頭と同様、「つながりを深める」「双方でコミュニケーションする」ことに加え、「店舗への来店促進」を強く意識していたという。「**何を紹介するかも大切ですが、それ以上に『お客さまを覚えること』がファンをつくる第一条件で、店舗スタッフにとって基本中の基本です**。店頭の接客でも『お客さまノート』に会話の内容やお好きなもの、買っていただいたアイテムの傾向をまとめるなどして、お客さま理解に努めます。この店頭で培ったスキルを活用し、対象を広げていくのが、オンライン接客だと捉えています」

インスタグラムのフォロワーのアイコンやコメント内容を記憶し、名前やニックネームで呼んだり、コメントを返したりする。「ライブ配信を通じてつながったお客さまは、次にリアル店舗でお会いしたときにはもう『初めまして』ではなくて、近い距離感で接することができるようになります」

ちなみに、バロックジャパンリミテッドは「ＬＩＮＥスタッフスタート」を導入して1年になるが、「本来はお客さまと濃密なコミュニケーションがとれるものなのですが、ものすごい量のコメントが来るので、私から返せていない状態で心苦しさはあります。ですが、ものすごく売り上げはいいですね。友だち登録者向けのＬＩＮＥライブでも喜んでもらえている手応えがあります」。

現在、販売統括を行うデジタルマネジメントチームでＳＮＳ指導に取り組む理由は、「現場も好きですが、これまでの経験を生かしてスタッフを育成したいと思ったからです。店舗スタッフは女性がキラキラできる職業なのに、長い目で見て続けていきにくい職業という矛盾があります。女性が未来を思い描いたときに、年を重ねても辞めずに続けられる職業であることを、私自身がアパレルで活躍することで示していきたい。そして、バロックの１７００人の店舗スタッフに、**リアルとオンラインの接客スキルを上げることで収入が増える、そんな店舗スタッフの壁を破るようなことを自らけん引していきたいと考えています**」。

そんな思いを持つ中で開催された22年のスタッフ・オブ・ザ・イヤーでは、40代、50代の先輩スタッフも登場していたのがうれしかったという村岡さん。自身は初回大会で会社に推されて出場し、途中から明確にやりたいことや目標が見え、結果、グランプリが獲れたという。２回目の大会では指導役に回り、「ロデオクラウンズ ワイドボウル」イオンモール京都桂川店の谷口麻実さんが2位、「マウジー」ルミネエスト新宿店の村元七虹さんが3位に入る活躍を支えた。

最初に取り組んだのは、店長の意識改革だった

そんな村岡さんが、本社のデジタルマネジメントチームで最初に取り組んだことは、店舗の店長たちの意識改革だった。「販売促進においてSNSは重要で、スタッフが本気で取り組める体制をつくるためには、まずは店長が『SNS活用が重要だ』と心の底から思えるように意識改革する必要がありました」

うまく活用できている店舗がある一方で、「(SNSをやるなんて)サボっている」「そんな暇があるなら店頭に出て接客しろ」とスナップ撮影に時間を取られるのを嫌がる店長もいた。「お客さまがいない時間に無理に呼び込みをするよりも、もっと時間を有効活用したらいいのにという店舗も、実は結構ありました」

若いスタッフはSNSに対する興味関心が高く、プライベートでも活用していてフットワークが軽い人も多い。一方で店長はといえば、店舗や洋服、接客、お客さまに対する知

店舗スタッフへのレクチャーを行う村岡さん

識や売るノウハウは一番持っているものの、SNS運用になると分からないし、うまく指導できない。それが店長の大きなコンプレックスとなり、阻害要因になっていた部分があった。

そこで、店長を集めてSNSの基礎知識の研修会を行うため、全国を巡回。スナップの撮影時間をシフトに組み入れる必要性や、うまく組み入れる方法なども伝えているという。そのうえで、「写真の撮り方や今バズっていること、はやっている曲、人気のフィルターなどについては、若いスタッフに任せたり教えてもらいましょう。一方で、商品知識やリアル店舗で培ってきたスキルを文章にしてSNSに落とし込む部分では、店長が自信をもって手掛けたり指導してくださいとお伝えしました」と村岡さん。さらに、スタッフスタートから投稿すると、経由売上高が算出され、インセンティブが供与される販促企画などについても説明し、モチベーションアップにつなげたという。

投稿する写真やコンテンツについての考え方も明確だ。ブランドの公式サイトや公式SNSなどのビジュアルは、外国人モデルを起用して世界観を演出したり、インパクトのある個性的なスタイリングをしていることが多い。かわいい半面、どう着こなせばいいのか、どんなものと合わせるのか、どのアイテムから買ったらいいのかなど、お客さまにとってみると悩ましい部分がある。

「それに対して、**私たち店舗スタッフの立ち位置であり魅力は『リアルであること』**。だから、『日常に落とし込んだスタイリングを提案しましょう』とスタッフに伝え続けています」。そのシーズンらしいスタイリングはもちろんのこと、お客さまがすでに持っているであろうベーシックアイテムやトレンドアイテムに合わせたコーディネートなど、「お客さまに寄り添った投稿」を心掛けているという。

インフルエンサーのように好きな服を載せるのではなく、シーズンのお薦め商品や売っていきたい商品などを中心にどう紹介するかを考えて提案するのが店舗スタッフの役割でもある。「**私がすごく気を付けていたのは、『私らしさを貫くこと**』。自分のフォロワーさんたちは、自分のテイストやスタイリングが好きで見てくださっている方々。私らしくなければ、すぐに嘘っぽくなってしまい、離れていってしまうと思います」。だから、私服とミックスしたコーディネート投稿をすることも多いという。

「自分らしい着こなしが自社商品だけでできなければ、他ブランドのものや私服と合わせたコーディネートを投稿するようにしています。無理やり全商品を自社ブランドにする必要もありません。そのほうが逆に服が生きて売れるんです」

福岡時代には、村岡さんを含めてスーツケースで私服をお店に持ってくるスタッフも多く、撮影時にミックスコーディネートをしていたという。「私服と合わせると、めちゃくちゃその子っぽくなるんです。服のデザインやカラーなどはもちろんのこと、バッグの金具一つでも、『私はゴールド系』『私はシルバー系』など好みがあります。小さい違いに見えがちですが、小物だけでもイメージは大きく変わります。SNSやスタッフ投稿では、より個性を発揮し、その店舗に会いに行きたいと思ってもらえるように意識していました」

ただし、リアル店舗で接客販売するときに着用するのは、自社ブランドだけだ。「お店はブランドの世界観を表現する場所。特に初回のお客さまはその雰囲気に惹かれて入店される方が多いんです。だから、お店ではスタッフは自社ブランドで統一することが必要です」

スナップ撮影は「いつでもどこでもできる」心構えを

では、実際にどうすればイメージの良い投稿をコンスタントにアップし続けられるようになるのだろうか。「店頭で着ている服で1枚、出勤服で1枚、そして足元のシューズやバッグにフォーカスしたり。これだけであっという間に4〜5カット撮ることができます。わざわざ2人でスナップを撮りに行かなくても、自分でシャッターを押せるリモコン付きの自撮り用三脚もありますし、かわいい鏡や白い壁はどこにでもあります。閉店作業をしているスタッフと交代制でスナップを撮るのもいいかもしれませんね」

服によってヘアメイクを変えたりもするが、「お客さまの前に立つ仕事をしているので、いつでもSNSに上げられるようなコーディネートやヘアメイクをしているのは当たり前。それができていないスタッフには、『怠けてない？（笑）』とやんわり指摘するようにしています」。

また、村岡さんは「これがはやっているかも」と思うものをひたすら追求し、試し続けてきたという。それは取り上げる商品はもちろんのこと、撮影のシチュエーションや画像のレイアウト、ハッシュタグなどもその一環だ。

「SNSの世界では、昨日まで正解だったものが明日には正解でなくなることがよくあります。成功体験を切り捨てて切り捨てて、常に新しいことに挑戦し、工夫をしてきました」

その中で、**成果を上げるために絶対的に重要なのが、「高頻度に投稿してコミュニケーションをとり続けること」**だという。

インスタライブの配信については、配信者が増えたことやティックトックやユーチューブなどに分散していることなどから、同時視聴者は減る傾向にある。「そんな中でもずっと見続けてくれている方とは、より密接につながり、話せるようになってきます。また、時間はかかりますが、見どころをコンパクトに切り抜き動画にしてアーカイブ化することがより大切になってきます」

ティックトックも欠かせない情報発信ツールに浮上している。特に好評だったのは、30

秒程度の「ショート接客」動画だ。「一方的に話すもので、短くて少し淡白な内容かなと思いつつ、再生回数がとても伸びました。タイパ（タイムパフォーマンス）重視の人が増えているからでしょうか。今まで何時間もかけてライブ動画を撮ったり編集したりしていましたが、今はライブもいいけど、ティックトックでもショート接客動画を5本ぐらい撮ってみてと伝えています」

ライブ配信の実施に当たっては、その目的と誰に届けたい情報かを毎回明確にするのも村岡さん流だ。「店舗やブランドに属しているときには『新作紹介です』『明日からキャンペーンです』などと、明日お客さまにお店へ来ていただくためのものが多かったですね。ライブ配信でスタッフと一緒に出演する場合はファンの方が中心ですが、編集してアーカイブで残すことでより幅広い方々に見ていただくことができます。30秒接客であれば、『初めまして』の新規の方々に向けて発信していくようにしています」

村岡さんは、「私としてはお客さまに『お店に来ていただきたい』マインドが一番強いんです」という。そして、「店頭で培ったスキルを最大化するツールがスタッフスタートであり、投稿やオンライン接客を通じてリアル店舗とお客さまをつなぎ続けていきたいですね。そのためには、今後ますます接客力や人間力を高めて、『リアルな店舗に行きたい』

『接客を受けたい』と思っていただける方を増やしたい。それがゆくゆくは、好きなファッションで店舗スタッフとして一生働いていける人を増やすことにつながってほしい」。

また、**コーディネート投稿は「地方勤務者を含めた全国のスタッフが活躍するチャンスを手に入れるツール」**（村岡さん）でもある。バロックでは九州郊外エリアや広島岡山エリアなどが投稿数において上位で、スタッフの参加率が100％の店舗も多いという。トレンドも好みのファッションも気候も他の地域とは異なる地方でこそ、全国への発信と地域密着の両面で投稿の威力を発揮できそうだ。

ビームス 恵比寿 Heg. さん

「人生が変わりました」というのは、22年開催の「スタッフ・オブ・ザ・イヤー」で2代目グランプリを獲得したビームスのＨｅｇ．（ヘグ）さんだ。最終審査では、「ライブ接客」「接客ロールプレイング」ともに断トツでトップの点数を獲得した。いわば完全優勝だった。もともとビームス 恵比寿のトップ店舗スタッフだったＨｅｇ．さんのオンライ

ビームス 恵比寿のHeg.さん

ン接客の極意と、リアル店舗のスタッフとしての使命を聞いた。

ビームスはスタッフコマースの先進企業でもある。自社ECへの流入は、スタッフの投稿コンテンツ経由が6〜7割と驚くほど高い。

そんなビームスの公式サイト内で、スタッフの投稿コンテンツ「スタイリング」「フォトログ」「ブログ」などが始まったのは16年のこと。その翌年の17年にHeg.さんは入社して投稿を開始した。すると、すぐに「売り上げ」「PV」「お気に入り」「ファン獲得」の総合力順位で1位を獲得するようになった。

スタッフコマースをけん引する「オムニスタイルコンサルタント」

20年5月からは、「オムニスタイルコンサルタント」（OSC）の制度がスタート。OSCは投稿経由売上高の実績が高いスタッフ11人からスタートしたチームだ。ちょうどコロナ禍も重なり、ステイホームのタイミングでも大活躍したことから、スタッフを拡充。現在では「ワンスター」「ツースター」「スリースター」の3段階を設定し、全国で約300人が活動している。

そのトップに君臨するスリースターのメンバーは約20人。Heg．さんは21年10月から参加し、すぐにスリースターに認定されている。ツースター、ワンスターのスタッフがリアル店舗からのスタッフ投稿の盛り上げ役を果たす一方で、スリースターのスタッフは未来に向けた投稿をつくる役割を担うという。

「次のシーズンを先取りして訴求するため、週1、2回本社に集まり、サンプルを使って投稿コンテンツをつくります。ビームス公式サイトで商品の予約ページができたときには、スリースタースタッフによる投稿ができ上がっているという状態を目指しています。商品の発売まではバイヤーやスリースタースタッフが発信する情報しかない状況で、予約期間

スタッフ・オブ・ザ・イヤー2022で見事グランプリを獲得した

中の売り上げはその投稿にかかっています。前からの姿やスタイリング提案などはもちろんのこと、後ろ姿や横からの姿、アウターなら脱ぎ着をしている最中など、1投稿内に掲載できる写真の上限である10枚をフルに使って服の魅力を伝え、お客さま目線で不安を解消できるものにしたいと思っています」

Ｈｅｇ．さんは初回のスタッフ・オブ・ザ・イヤーの結果をニュースで見て大会を知り、「ビームスも出たらいいのに」と思っていたという。2回目からの出場を決めた本部スタッフがスリースタースタッフであるＨｅｇ．さんを参加者として抜擢したのは必然だった。負けず嫌いだというＨｅ g．さんは「社内だけではなく、社外で自分の実力を試せるいい機会だと思って挑戦することにしました。もちろん出るからには、絶対にグランプリを獲るつもりでした」

お客さま目線で不安を解消。「気遣い力」と「凝縮力」が強みに

ずばり、Ｈｅｇ．さんはなぜ1位になれたのか。どうしたらオンライン接客は成功するのか。それは「お客さま目線」を貫き、不安を解消していくこと、お客さまに寄り添う「思いやり」や「気遣い力」があること、そして洋服に対する熱量の高さや豊富な知識を持ちながら、それをコンパクトに効率的に伝える「凝縮力」にあるという。

「私自身、ＥＣでモノを買うことがすごく苦手なんです。『色は本当に画面で見えているこの色なのか』『サイズ感は？』『実際に私の身長で着てみたらどうなる？』『返品できたとしても手間が面倒だよね？』『失敗したくない！』など、買うまでに頭の中をよぎる要素が多過ぎて不安が大きかったんです。そもそも店舗スタッフになる前は、リアル店舗で買い物をするときにも、しっかり下見をしてから買う慎重派でした。だからこそ、**『この服を買いたいと思ったときに、私も含めてお客さまが不安に思うことは何か』という目線**

で一点一点を見て、その不安を一つひとつ解消するように努めています」

投稿に当たっては、商品情報や自社のフォトログ、ブログなどにすでにアップされている投稿などと合わせて既出・未出の情報をチェックし、「買う決断をするには、ここが不安」という部分をしっかり説明する投稿を積み重ねてきた。素材感、デザインのディテール、サイズ感、着心地、実際の色味、コーディネート、機能性、ケア方法……。まるでＨｅｇ．さんがリアル店舗で代理試着・代理ショッピングをしてくれているような感覚で不安を解消し、購買の意思決定を後押しするものになっている。だからこそ、「Ｈｅｇ．さんの商品説明は役に立つ！」と注目が集まり、Ｈｅｇ．さんの投稿を読めば安心して買えるため、売り上げが伸びていった。

もともとデジタルが好きで、無駄が嫌い。仕事の効率化アプリを活用したり、生産性の向上や要領よく物事を遂行することを常に考えている。接客でも、多忙でショートタイムショッピングをしたいお客さまも増えていることから、丁寧さは大事にしつつも、「お客さまにとって便利なもの、必要なもの、似合うものを、最短ルートでお薦めするようにしています」。

スタッフ・オブ・ザ・イヤーでは、22年6月から1カ月間の2次審査期間中の一般投票数やスタッフスタート経由売り上げによってファイナルステージ進出が決まる。1日十数件の投稿をして投票や売り上げを獲得していく競合ブランドがある中で、ビームスは1日当たりの投稿数の上限が3つまでというルールがある。投稿スタッフ数が多いための措置だ。「ランキングを見つめつつ、1日3投稿、月間90スタイルを効率よく作成して最大の売り上げを獲得しようと、自分のあらゆるテクニックを駆使しました。最短のアプローチで商品を選定、コメントを書くスキルが身につきました」。22年6月のHeg.さんの投稿を見返せば、グランプリ受賞者のコーディネート投稿の極意に触れることができる。

大会当日も、「お客さまの気持ちをくみ取り、伝えなければならないことをしっかり盛り込むという普段のコーディネート投稿でやっていることを、ステージ上で表現しただけです。3時間語れる大好きなお洋服について、2分で接客して商品の良さを伝えるのは難しく、葛藤もありましたが、コンパクトに伝えられるような練習もしました」。

投稿の撮影時にも効率化は徹底している。「人に撮ってもらう方が9割ぐらいだと思いますが、私は三脚を使って自分で撮影しています。愛用しているのは、三脚メーカーの『ベルボン』とアウトドアブランド『コールマン』がコラボしたスタンド型の自撮り棒(セルフィースティック)。リモコンでシャッターが押せて、縦横の写真が撮れます。ペットボトル1本分より軽いので持ち運びも楽。他の方と一緒だと着替えや撮影のペースが違いますし、待ち時間がもったいないですよね」

店舗スタッフがオンライン接客することに意味がある

リアル店舗での接客でも、OMOを強く意識している。「セカンドアプローチぐらいで、ビームスのアプリをお持ちかどうか確認します。お持ちならその場で開いていただいて、『バーコード機能でスタッフのスタイリングをご覧いただけます』などと、リアルとデジタルとを結び付けて、アプリを活用してもらえるように心掛けています」

アプリからはスタイリングの投稿に加え、店にない在庫を確認することも可能。天候が悪かったり、お客さまの手持ちの荷物が多かったりした際は、ニーズをくみ取って倉庫に在庫のある商品は、「店頭で購入後、配送手配ができるので手ぶらでお帰りいただけますよ」「ECから購入すれば自宅に配送手配できますよ」といった案内もするという。

購入してもらった後も、アプリやコーディネート投稿を最大限に活用しながらファッションを楽しんでもらいたいという思いも強い。「購入商品をお気に入り登録することで、

Heg.さんのスタイリング紹介ページ

どんなスタイリングを楽しめるか、後から確認できますよとお伝えしています」。オンラインでもつながり続けてLTVの高い顧客づくりをする、Heg．さんは日常業務の中で自然と行っているのだ。

最終審査の自己紹介とグランプリ獲得時のスピーチも印象的だった。自己紹介でHeg．さんは、「人生のモットーは、何事も全力で楽しむことです。店頭に立つことが大好きでしたが、コロナ禍で接客できなくなってしまいました。そんな中でもお客さまと一緒に楽しむために、逆境の中でも距離を感じさせない親身な接客、お客さまが自信を持って購入できるようなデジタル接客を身につけることができました。大会のすべてを誰よりも楽しんできた自信があります。この大会を通して成長して、まだもう少しだけ続きそうなコロナ禍でも接客を楽しい経験にしてほしいと思っています。店頭でもオンラインでもお待ちしています」と話した。

グランプリの受賞スピーチでは、「この大会を通じて私の接客も成長できました。ビームスには私以上に素晴らしいスタッフがたくさんいます。ライブを見てくださったお客さまも会場にいる皆さまも、明日からも楽しみにご来店いただければ幸いです。『デジタル接客』はコロナ禍でたくさん使われてきた言葉だと思いますが、店頭にいる私たちがデジタル接客するからこそ伝えられるものが必ずあると思っています。私はこれからも店頭で皆様のご来店をお待ちしております」と語り、拍手喝采を浴びた。

キャラクターが際立つ「カリスマ店員」に

グランプリ受賞後、インスタグラムのフォロワー数は大会前の2倍に倍増。「ファンになりました」「お店に行きます」といったダイレクトメッセージやコメントもたくさん届き、店舗やEC売り上げへの貢献度はさらに高まっている。

投稿の内容も少し変化してきている。Ｈｅｇ．さんの知名度も高まり、「服を見せる」「ディテールを説明する」ことは当たり前として、自身のキャラクターを前面に打ち出す投稿も増やしているという。売れているものの後追いや、マス向けで売りやすいアイテムを紹介するよりも、「自分に似合うもので、トレンドを先取りしたものや、普遍的に良いもの」などにフォーカスして投稿することで、よりキャラクターが濃くなり、カリスマ性が高まっている。デジタルとリアルをつなぎ、お客さまとビームスを救う。「令和のカリスマ店員」がここにまた一人、誕生した。

パル　3COINSさんすて福山店　サトウさん、まゆさん

パルのスタッフスタート経由売上高トップブランドは、意外にも雑貨ブランドの「スリーコインズ」だ。コロナ禍でも新規出店や既存店の増床による大型化を進めたこともあるが、当初の300円均一から商品価格帯を広げつつ、圧倒的なコストパフォーマンスの商品開発などにより、21年度は売上高が前期比1・5倍の379億円、期末店舗数は230店舗に達している。その急成長を支えているのがECであり、スタッフによる投稿・オンライン接客だ。

スリーコインズには65人ほどスタッフインフルエンサーがいる。中でも注目なのが、広島にある「さんすて福山店」店長のサトウさんと、同店に勤務するまゆさんだ（2022年10月取材時点）。2人の投稿は、「これはもうカタログの域では⁉」「書籍や雑誌の表紙みたい！」といった評判が立つほどインパクトのある秀逸なコピーや商品説明が特徴で、Webメディアのまとめ記事でも多く取り上げられている。

インスタグラムのフォロワー数はサトウさんが4万人、まゆさんは1万人余りだが、「エンゲージメントが高く、フォロワー数やいいね数では測りきれない波及効果がある」

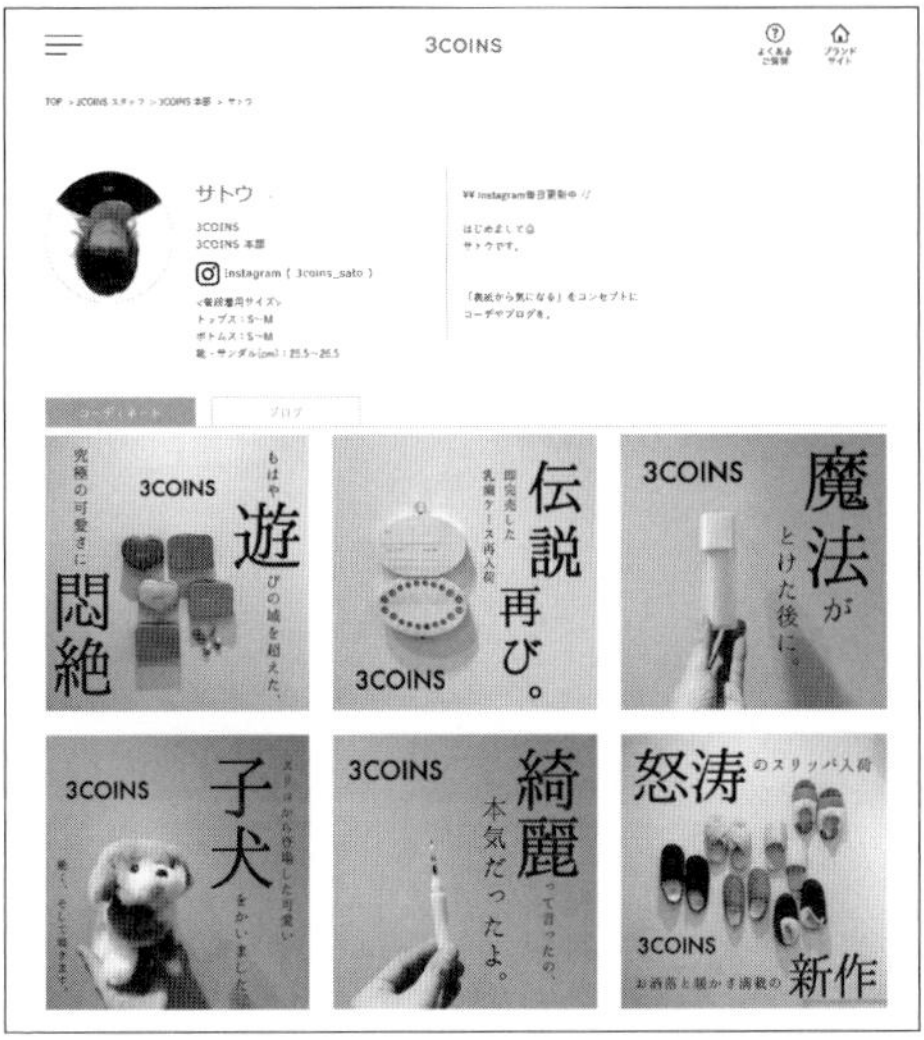

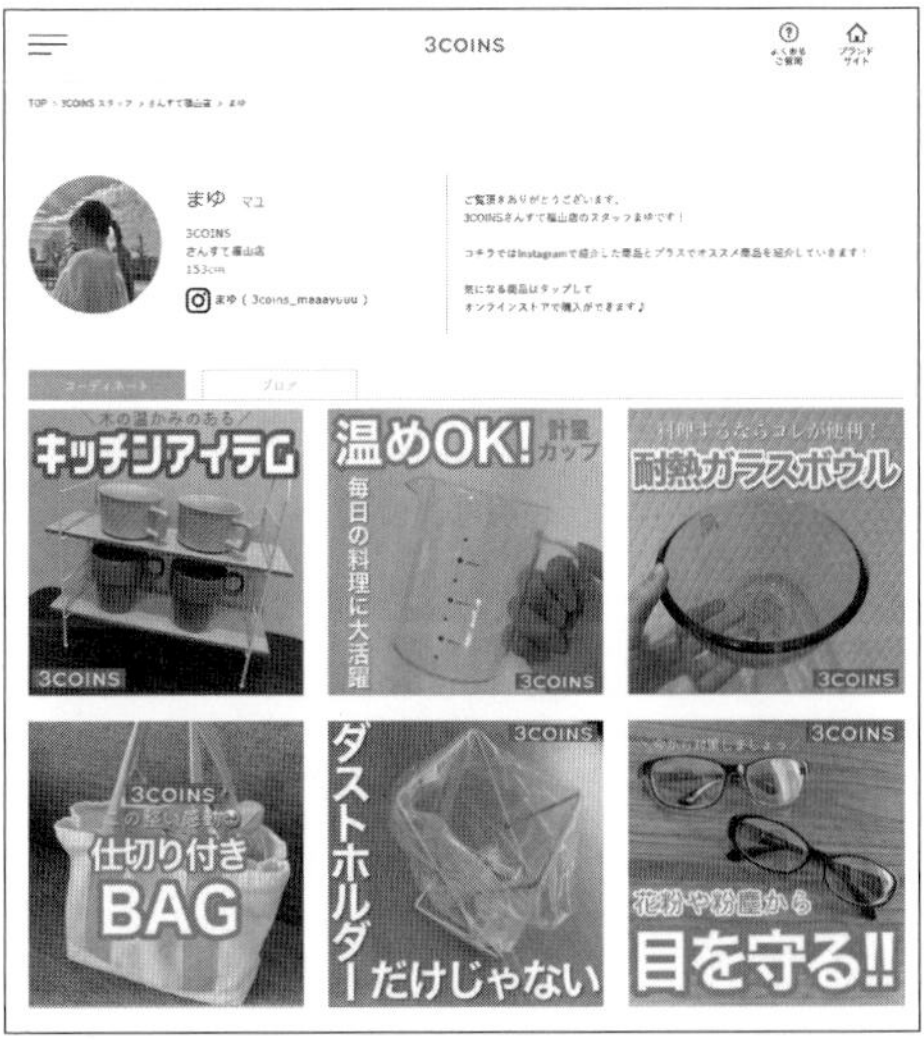

上がサトウさん、下がまゆさんのコーディネート投稿ページ。
一目でそれぞれの個性が分かる

と本社も認める活躍ぶりだという。

まゆさんは、スリーコインズで働いて8年目になるパートスタッフで、午前9時から午後3時まで約6時間勤務する。「オンライン接客とは提案する場であり、商品の魅力を伝える場です。多くの人にスリーコインズとその商品を知ってもらいたいという気持ちで投稿を始めました」と、まゆさんは話す。

「毎朝9時ごろスタッフスタート経由売上高などの数字がアップされるので、それを見るのが生活のリズムになっています。そこで『これだけ売れてるんだな』と確認できるので、会社に貢献している意識が高まります。それ以上に、お客さまが店頭で私の投稿を見せて、『これありますか?』と声をかけてもらえることがうれしくて、モチベーションが上がります」（まゆさん）

一方、店長サトウさんは、自身と店舗の売り上げが高ければ高いほどモチベーションが上がるという。「オンライン接客は私たちの普段の接客の延長線上にあるもの。お客さまに寄り添った提案を基本に、画像の中にテキストを入れるのが僕の投稿のオリジナリティーです。それによって『欲しい！』と思ってもらうことを目指しています」

女性が買うイメージが強いスリーコインズは、実際、福山店でも女性客が80％で男性客は20％にとどまっている。「男性の来店増加が今一番望んでいること。僕のコーディネート投稿やブログを見たことがきっかけで店頭に来てくれること、そしてお客さまが購入した商品をインスタグラムに投稿いただいたのを見るとうれしくなりますね」と、店とブランドの伸びしろに思いを巡らせる。

さんすて福山店が置かれた状況は、実はちょっと複雑だ。売場面積は38坪と、スリーコインズ全体で見ると小型店の部類で、一部の店舗で限定販売される商品群は並べられない。その一方で、車で5分の距離にある大型商業施設にはフルラインアップのスリーコインズの大型店がある。また、競合の激化やコロナの影響もあって入居するさんすて福山のテナントの多くは閉鎖され、そもそもメンズブランドも出店していない。男性客はドラッグストア目当てに来る人がほとんどという状況だ。

それでも、スリーコインズには毎日200～400人が来店しているといい、「まゆさんや僕の投稿を見て来てくださっているお客さまも多く、スタッフ投稿からリアル店舗への集客効果をこの1年間で実感している」（サトウさん）という。

写真×文字でインパクト大。投稿は計画的に

まゆさんの投稿のポイントは、「一目見て、この商品欲しい！」と思わせる、商品の魅力を伝え、興味関心を抱かせるテキストの挿入だ。スリーコインズが好きで入社し、主婦になってあらためて商品の魅力を感じたという。「スリーコインズの商品は私の生活に深く入り込んでいます。**家事をしながら実際に使っているシーンを撮影することも多いですし、リアリティーが断然違うと思います**」（まゆさん）

店頭を回りながら、どの商品をどうやって取り上げるか、常に考えているという。さらに本部から共有される新商品情報は細かくチェックし、事前に「欲しい」「便利そう」「こういうことに困っている人によさそう」など目星をつけておく。入荷したら即投稿できるように頭の中でシミュレーションするのだ。取り上げる商品が決まれば、機能や使い方、特徴をどういう順番で紹介していくのか、構成を考えてから撮影を開始する。

写真の中に、**雑誌のタイトルやキャプションのように文字を入れるのがまゆさん流。これが、分かりやすさやオリジナリティーにつながっている。**「他のスタッフと違うレイアウトや、私にしかできない文字の入れ方をいつも工夫しながらつくっています。テキスト

化する際は、その商品の魅力を一通り書き出し、トップ画面に印象的な言葉を入れるようにしています」（まゆさん）

これを1日1～2本のペースで投稿し、3～4投稿分は常時ストックしている。また、新商品や再入荷の商品は、その日のうちに投稿するようにしている。「お客さまがすぐに見に行きたいと思ってもらえるように、インスタグラムのストーリーズを活用することも多いですね」（まゆさん）

一方、サトウさんのインスタグラムやコーディネート投稿は、**まるで書籍の表紙のようなデザインで、白やグレーの壁をバックに商品を撮影し、漢字が多めの黒字で強いインパクトを放っている。**

「スリーコインズの商品を全部紹介しよう」という意気込みで、1日1～2投稿のノルマを自らに課して投稿に向き合っている。「毎週新商品が入ってくる中で、インスタグラムでもブログでも店舗に来ているような感覚になってもらえることを心掛けています」（サトウさん）。そのためにはスピード感も重要で、タイムリーな情報発信と計画的な投稿のため、スケジュール管理を徹底している。

商品の入荷やキャンペーン、投稿コンテンツの制作などのスケジュールをカレンダーに書き込んでいく。目標に対する進捗状況やクリアした事項をチェックし、フォロワー数の増減を確認しながら次の投稿も調整していく。他のスタッフに先に投稿されてしまったアイテムやアイデアはボツにするなど、かなりストイックなスタイルだ。

取り上げる商品の判断基準の一つはトレンド性だ。「これから芽が出るものか、投稿したらすぐにバズりそうなものか、すでにバズっていてまだ続きそうなものか、今後は注目度が下がっていきそうなものかなどを考慮して、『すぐに投稿するもの』『後で取り上げるもの』などを決めていきます」（サトウさん）

また、サトウさんが意識しているのは、「ユニクロ」や「GU」の客層だという。「ユニクロやGUの服を着ている方々のアカウントも参考に見ています。その方々にどうやったら来店していただけるか、興味関心を持ってもらえるか。雑貨から離れたところで、誰でも使えるアイテムとして新しい切り口の投稿を心掛けています」（サトウさん）。確かに、日本で一番着られている服や客層に合わせてスリーコインズの商品を提案していくのは非常に合理的だ。低価格でコストパフォーマンスの高い商品をSPA（製造小売り）で提供する共通点もあるから、相性は良さそうだ。

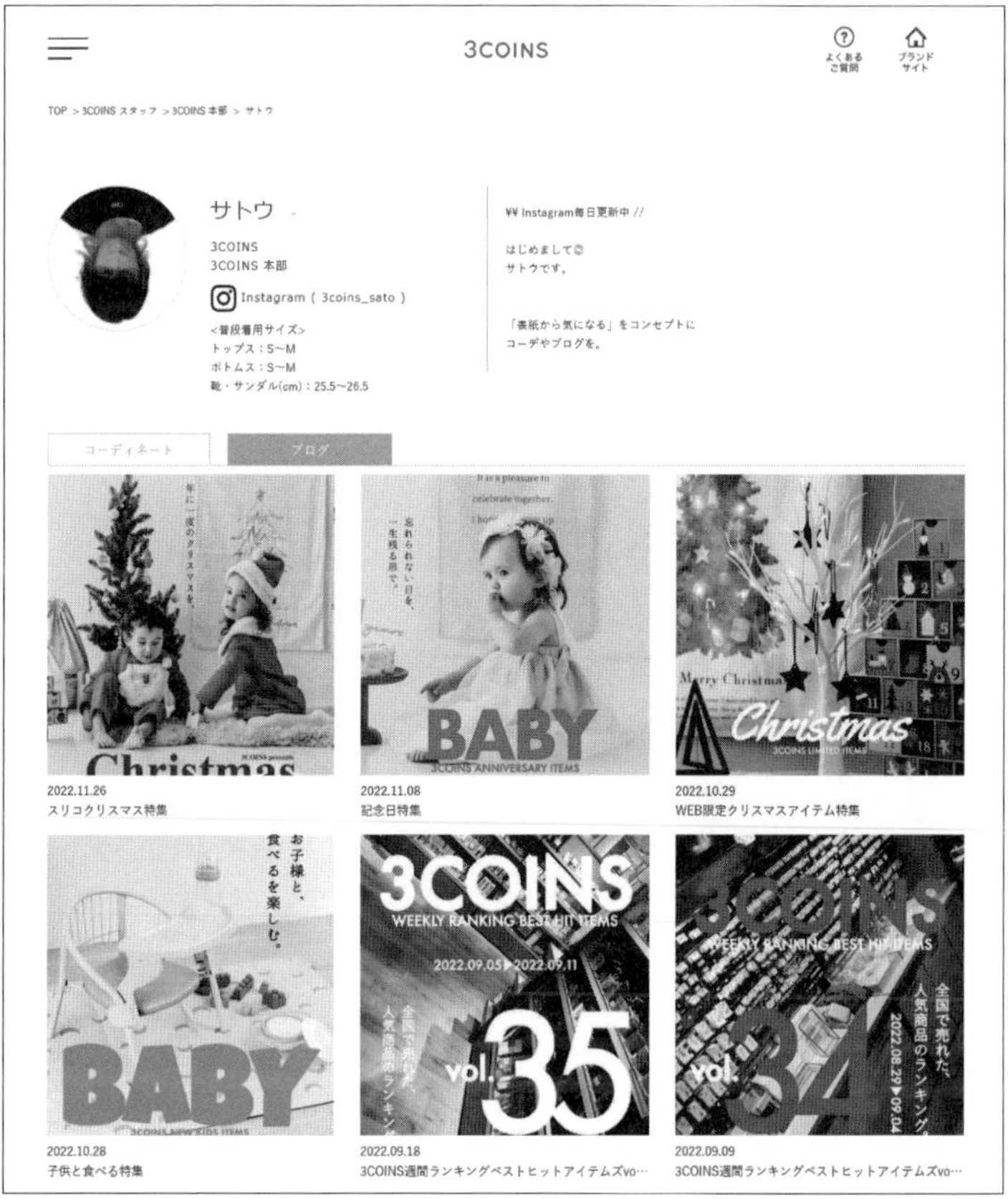

サトウさんのブログ紹介ページ

投稿先ごとにコンテンツを使い分け、導線を意識する

自社ECの「パルクローゼット」内には、スタッフスタートを通じて「コーディネート」と「ブログ」を掲載しているのだが、投稿によってコンテンツの使い分けをしているという。まゆさんはコーディネートと連動するインスタグラムでは1つの商品を深掘りし、商品の魅力を紹介する。それに対してブログでは、「新商品」や「テレビで紹介されました」「便利キッチン用品」など、複数の商品を組み合わせたミニ特集的な構成で商品を提案しているという。

一方のサトウさんは、コーディネートとブログの投稿画面がまるで異なり、雑誌でいえば別媒体かと思わせるほど、異なるトンマナでそろえているのも面白い。さらに21年からは自社ECのコーディネートに掲載する画像とインスタグラムのトップ画像を変えたり、ブログのランキングなどでも新しい形を試し始めている。**インスタグラムでしか見られない投稿と、パルクローゼットでしか見られない投稿を用意することで、興味関心を引くポイントを複数訴求し、互いを回遊してもらうことが狙い**だ。そして、インスタグラムは1つの商品の深掘りをする一点突破型で拡散を期待し、スタッフスタートの機能を使って自

社ECにつなげるという導線を意識しているという。

「自社ECのコーディネートではあまり反響がなかったけど、半年ぐらいしてインスタグラムでの保存数が如実に多くなったことがありました。これでインスタグラムと、自社ECのコーディネート欄は『見ている客層が違う』『知りたい情報が違う』と気付きました。そこでコンテンツの出し分けを始めて、実際1年前と比べて数字は段違いに伸びていて手応えを感じています」（サトウさん）

新たに22年10月からはインスタライブを始めている。「実際に店舗で販売している僕たちが登場して商品をお薦めし、お客さまの買いたい気持ちを喚起して購入いただけるようにしたい。オンラインでも買えるし、店舗に行くという流れもつくりたい。お客さまとお店とECと商品をつなぐ要がスタッフであり、それをリンクさせていくことが大切だと考えています」（サトウさん）

ニトリ　南風原店　moekaaaaanさん

沖縄県那覇市に隣接した南風原町は人口約4万人の小さな町だ。「オンライン接客は、場所を超えて全国のお客さまとコミュニケーションできる絶好の場です」と、ニトリ南風原店のmoekaaaaanさんは話す。ホームファッション売り場のフロアマネージャーも務めている。

ニトリでは2000人以上の店舗・本部従業員が個人アカウントを有してコーディネート投稿を行っているが、その中でmoekaaaaanさんは投稿の閲覧数で2位を誇っている。公式ECサイト「ニトリネット」はもちろんのこと、インスタグラムのニトリ公式アカウントにも投稿画像が使われることで、さらに閲覧数が伸びている状況だ。

「おうちカフェ」をコンセプトとした自身のインスタグラムでは「デジタルクリエイター」を名乗り、フォロワー数は1800人以上。もう一つのインスタグラムのアカウントでは、「写真家・フォトグラファー」として、「おしゃれ、かわいい、すてきな景色」をテーマに投稿しており、フォロワー数1万1000人以上を有するインフルエンサーである。

そこには、美しい自然や街の風景、歴史ある建物、個性的なレストランやカフェの内装、

moekaaaaanさんのコーディネート紹介ページ

フードなど、色彩豊かな写真が並んでいる。海外や沖縄のおしゃれスポットの写真も多く、異国情緒にあふれている。

「小さい頃、米国のロサンゼルスと英国のロンドンに住んでいました。お友達の家に遊びに行くと、とてもおしゃれな家ばかり。インテリアをコーディネートしたり、部屋を装飾したりするのは当たり前というカルチャーや豊かな暮らしを肌で感じていました」

だから、ニトリネットにおけるコーディネート投稿のテーマとして目指しているのも、「欧米のような暮らしの豊かさの提案」だ。「ニトリでは、『住まいの豊かさを世界の人々に提供する。』というロマン（志）を掲げています。そのロマンに共感してニトリに入社しました。入社2年目で米国研修に参加し、最新のモデルルームなどを視察したり、実際に買い物体験をしたりすることで、すごく刺激を受けました。スタッフスタートは22年6月から活用していますが、もともと趣味だったインスタグラムや写真をビジネスにつなげられることで、新しいやりがいになっています。オンライン接客をすることで仕事に対する意識やモチベーションが高まっています」と話す。

自身最高の販売実績はキッチンの悩みを解決するマグネット収納

実際の投稿では、意識している点がたくさんある。ニトリネットでは、従業員のプロフィール欄で「自己紹介」に加えて「家族構成」「間取り」を表記し、お客さまの参考にしやすくしている。moekaaaanさんは「1K・一人暮らし」で、ニトリのアイテムに加え、沖縄のやちむん（焼き物）などを使ったフードやラテアートなど、「好き！を詰め込んだ

マグネット収納を紹介したコーディネート投稿

一人暮らしの1Kルーム」を紹介している。

インスタグラムには外出先の画像も投稿しているが、ニトリネットのコーディネート投稿でフォーカスするのは、実際に自分で使用して良いと思ったニトリ商品で、自宅で撮影して投稿している。投稿頻度は月4回、週に1回程度で、新商品で使ってみたいものや、実際に欲しいものだけを取り上げる。

今まで一番反響があったのは、キッチンのマグネット収納を使った投稿。キッチン収納に最適なタッパーの販売実績も良好だ。「私自身が1Kの狭い家で暮らしているので、収納の問題は切実。同じような環境のお客さまの困り事が解決できて実用的で一番実績が出ました」

パッと目を引く写真のカラフルさや、色味のバランスの妙にもmoekaaaanさんらしさが光る。特に目を引くのが色鮮やかなワンプレート料理や、1年半、毎朝特訓したというラテアートだ。手間暇をかけて、楽しく丁寧な暮らしをしている様子が伝わってくる。そして何より、それらが「お、ねだん以上」なニトリの商品をぐっと高見えさせている。

「食器やお皿を使ったコーディネートでは特に色合いを意識していて、普段から投稿をイメージしながら買い物をしています」。例えば、「あのグレーのお皿にはクロワッサンとフルーツを」「この白いお皿にはパンケーキとベーコンエッグとアボカドを」「グリーンのお皿にはイチゴタルトを盛りつけよう」といった具合だ。

1K一人暮らしで多量の食器やキッチンツールをそろえるのは、スペース的にも難しい。それを逆手にとって、1つのアイテムでもさまざまな使い方ができることを訴求する投稿も意識的に増やしている。例えば、カッティングボードは野菜などの食材を切る際のツールだが、スイーツやコーヒーカップを置いたり、パンやチーズを盛ったりと、多様な使い方を提案する。

1投稿に対して写真は1枚だけではなく、被写体に寄ったアングルや逆にぐっと引いたアングル、角度を変えて撮った写真など複数枚をアップする。同じ食器を使って別の料理写真を撮影し、投稿することも多い。「**商品を選ぶときに、選択肢や使い方、シチュエーションなどが複数あるといろんな人に見ていただけるし、購買意欲にもつながると思います**。従業員のコーディネート提案は実売につながると確信しています」

SNSから生まれるヒットの芽をつかむ努力も

自宅での撮影時間は、朝が多いという。単純に朝ごはんを楽しむのが好きだからということもあるが、「食べ物は自然光が一番きれいに写るので、太陽が当たる場所で朝撮影するようにしています」とのこと。最近は物撮り用の良い照明器具もあるが、太陽光は柔らかいニュアンスの写真が撮れるため、室内撮影の場合は日中に撮影するのがお勧めだ。

スマホでも高画質の写真が撮れる時代だが、moekaaaanさんは一眼レフカメラでの撮影にもこだわっている。「食べ物の写真は色味がとても大事なので、色がはっきりと写るようにレイアウトや角度も工夫しています。水平と垂直のラインは常に意識していて、ファインダーのグリッド表示を利用しながら、真上からあるいは真横から撮るようにしています」

moekaaaanさんは沖縄在住だからこそ、よりオンライン接客の拡散力を感じているという。バズる投稿やヒットの芽をリサーチすることも欠かさない。

例えば、ニトリが22年秋に発売した「スマホ毛布」は、毛布に腕を通す穴を開けることで、ぬくぬくしたままスマートフォンを使用したり、読書したりできるアイデア商品。S

ＮＳで拡散され、Ｗｅｂ記事で取り上げられたことで大きくバズり、大ヒット商品になった。こうしたヒットの芽を探し出し、自身のコーディネートで魅力的に紹介していくことも必要だ。「海外の方の投稿もよく見ますし、競合他社がＳＮＳやＥＣでどのような情報発信をしているのかなどにも興味を持つようになりました」

そんなmoekaaaanさんは、「自分の投稿の実績が毎日目に見えて分かるのは大きなモチベーションになります。朝起きて最初にするのが、スタッフスタートのアプリから投稿結果をチェックすること。自身の投稿による売り上げや全国のランキングを確認したり、売れているものを見るのが楽しみで、刺激を受けていますし、もっと頑張ろうと思えます」という。また、ニトリの社内ポータルサイト内に公開されているコーディネートの資料に自身の投稿が好事例として紹介されているのも誇らしいという。

これから挑戦したいことは、「まずは日本中の方々に、もっとコーディネートの楽しさを普及させること」だという。「趣味の延長から一歩進んでマーケティングを学び、好きなことを生かしてビジネスとして影響力を持てるような人材になりたいと思っています。その先に、ニトリのロマンである、『住まいの豊かさを世界の人々に提供する。』という大きな目標を実現したいですね」

【Special 対談】

100人いれば100のビームスがある
今後はインフルエンサーの集団に

ビームス社長設楽洋氏
×
小野里寧晃

「スタッフ・オブ・ザ・イヤー2022」でグランプリを獲ったHeg.さんを擁するのは、日本を代表するセレクトショップのビームスだ。同社はスタッフ投稿システムを自社開発し、2016年5月から運用してきた。バニッシュ・スタンダードは、ビームスの投稿管理システム用に閲覧ページや購入データを可視化するサービスを提供・支援している。今回は、ビームスの設楽洋社長に胸を借りて、「リテールの未来と、デジタルと人材の活用」についてお話しいただいた。

小野里寧晃　「スタッフ・オブ・ザ・イヤー2022」では、Heg.さんが圧倒的なパフォーマンスでグランプリを獲得しました。おめでとうございます。ビームスは、人を軸としたスタッフコマースへの取り組みを早期から行ってきましたよね。今日はデジタル化が進み、社会やお客さまの購買行動が変わる中で、より重要になるリアル店舗の在り方や人材活用についてお聞きしたいと思います。コロナ禍もありましたが、ビームスはどのような考え方で時代に対応しようとしているのですか。

設楽洋　ありがとうございます。コロナ禍では緊急事態宣言などで店を閉めなければならなかったり、時短にしたり、出勤者を減らさなければならなかったりと、いろいろと洗礼を受け、非常に厳しい状況でした。世界中が大きな渦に巻き込まれましたが、おそらくコロナ禍が起きなくても今後5年、10年で起きたであろうことが短期間に凝縮されて起こったということだったと思います。ビームスはこの10年間、「モノからコトへ、コトからヒトへ」ということで、体験がより重要になり、さらに、リアルからデジタルへという流れがある中で、リアルの位置付けを改めて見直して「ヒト施策」をしてきました。

小野里 デジタル化が進む中で、だからこそリアルの重要性が高まるということは僕らもずっと言い続けてきました。

設楽 僕自身が社内で言っているのは、今後、ファッション業界の中で我々の競合となるのは、他のセレクトショップではないということ。競合はインフルエンサーになってくるぞ、と。つまり、SNSがこれだけ発達して、それを通じて個人のインフルエンサーが個人のファンに対して、自分のつくったもの、自分の選んだもの、あるいは、自分がお薦めするものを提案する中で、最初はお小遣い稼ぎぐらいだったものが、売る人は月3000万円など規模が大きくなってきた。おそらく今後、そういう人たちが5万人、10万人と出てくる中で、その集団が我々セレクトショップの競合になるであろうと。

こうなると、自分たち自身もインフルエンサーの集団にならないと勝っていけないぞと

オムニスタイルコンサルタントの公式インスタグラム。店舗スタッフがメディアになり、ECやSNSなどすべてのコンテンツを"接客"と捉えて、店舗とデジタルのオムニチャネルでお客さまとダイレクトにつながって多くの情報やスタイルを提供していく認定スタッフのこと

思ったんですね。コロナ禍でリアルな店舗は衝撃を受けましたが、従前からデジタルを活用したヒト施策に手を打っていたことが、ビームスにとって非常に救いになりました。先行して行ってきたことが間違いじゃなかったなと確信できた。リアル店舗が多少休業や時短などになったとしても、リアルとデジタルをより強く結ぶことで、未来型のビジネスの形ができたのかなと思っています。

小野里　僕が「スタッフスタート」というサービスを提供させていただいている一番の意義は、「街を守りたい」、これなんです。今、日本における労働者が6500万人いらっしゃるそうなんですが、2050年には4500万人ぐらいになるだろうと予想されています。アパレル業界のスタッフさんの仕事は、本当に素敵な仕事じゃないですか。この仕事をみんなが働きたい仕事として残したいと思うんです。

本当にロボットに置き換わってしまっていいのか。そうなって、日本のアパレルの価値である「おもてなし」がきちんと提供し続けられるのか。そんなことを考えながら、スタッフの貢献を評価できる仕組みを提供し、インセンティブや給与で還元してスタッフがいつまでも「好き」な仕事を続けられる世界をつくりたいと考えてきました。そうなれば、店舗に優秀なスタッフが残る。すると、店舗での売り上げも伸び続ける。だから、店舗が残り、街が残ると思っています。

設楽　全く考え方は一緒ですね。ビームスでは「オムニスタイルコンサルタント」という役割を2020年5月につくりました。店舗と本部の優秀な人材11人からスタートして、直近では全国で300人がオムニサービスで活躍してくれています。デジタルを活用してECだけではなくリアル店舗にもお客さまをつなげるというチームです。AKB48のようなアイドルやスターに会いに行くのが劇場であるならば、デジタルを通じて広く発信するスタッフを育てれば、店舗にも会いに来てもらえる。**会いに行きたいと思ってもらえるスター店員を育てることがすごく大事なことだと思っています。**

ビームスでは、「売り上げ」と「いいねの数」「PV（ページビュー）数」「ファン化」などの指標で個人や店舗を表彰する仕組みを導入しています。オムニスタイルコンサルタントのスタッフのうち、特にスーツやジャケットを扱うメンズの重衣料を担当するスタッフは、彼らが実際に訪れた展示会での様子や、社内での商品説明会、裏話などをブログや動画などで日々紹介しています。これが、オリジナリティーがあって、ファンからの強い支持を得ています。メンズの重衣料が厳しいといわれる中で、ビームスが好調を維持しているのは、彼らのファン化の努力のおかげだと思っています。

小野里 まさにスタッフは財産であり、スタッフコマースが商売の起点になりますよね。

設楽 もともとセレクトショップは、一人のオーナーが自分の好きなものを集めた小さな店で、「これ好きな人、集まれ！この指とまれ！」という形で始まったものです。当時の流通の主流は百貨店だったので、「うちは『十貨店』でいい。好きな人、集まれ！」という業態でした。

今はビームスが大きくなって、「100人いれば100のビームスがある」と言って、それぞれが「これ好きな人、集まれ！」をやっていこうとしている。ものすごくコアなモノなら「これ大好きな人、10人集まれ」、トレンドを押さえていたら「100人集まれ」など、それぞれが「この指とまれ」と指を上げる時代になってきています。

特にセレクトは、その人のライフスタイルが好きで、あるいは、その人の接客サービスが好きで集まってくる人の集合体です。だから、僕はビームスをコミュニティーブランドにしたい。少し前から、「集団＝コミュニティー」の時代になると予想し、「店がコミュニティーをつくる」と思ってきました。今はその先の、「**個人がコミュニティーをつくり、それが集まったところで店という劇場ができ上がる。それを各企業が行うことによっても街が活性化する**」ということが起きてくるのではないかと思っています。

1951年東京生まれ。75年慶応大経卒、電通入社。父が76年に創業した「ビームス」の運営に関わる。83年に電通を退社し、ビームス専務に就任。88年ビームス代表取締役。年齢を問わずさまざまな業界の関係者と親交を深め、自らもツイッターやインスタグラムで情報発信している

小野里　コミュニティーづくりの軸が「ヒト」「スタッフ」であり、それが店を活性化させ、街を持続可能にするという考え方ですね。同じ方向性ですごくうれしいです。

設楽　デジタルはものすごく便利な方向に進んできて、店で行っている通常のサービスは、ほとんどデジタルでできるようになる。ただし、そこで提供できないのは「体温」であったり、お客さまとの無駄話であったり、そういったところが大切になっています。ビームスという集団の仲間になりたい、一緒に何かやりたいと思ってもらえることがすごく大事で、だからコミュニティーをつくりたいと言

ってきました。さらに、**店うんぬんではなく、「この人の仲間になりたい」「この集団と一緒に何かやりたい」と思ってもらえることが重要な時代**だと思っています。

小野里　スタッフスタートで目指している世界は、令和のカリスマ店員を増やすことでアパレル業界が人気になり、未来の子どもたちやアパレル販売を仕事にしたいと思う人たちが安心してどんどん入ってきてくれる業界にすることです。そのためには、設楽さんがおっしゃるように「誰々さんに憧れてこの業界やブランド、お店に入りたい」という人を増やすことが大切ですよね。

今、コーディネートや動画などのスタッフ投稿は、効率の良い接客手段としてうまく活用いただくケースが増えています。ですが、スタッフの方々の素晴らしさやキャラクターなどの魅力をもっと表現していく必要があります。それで21年から取り組み始めたのが、「スタッフ・オブ・ザ・イヤー」でした。アパレル業界内の人々がＨｅｇ．さんに憧れる、そしてＨｅｇ．さんに続くカリスマ店員が次々と出てくるという構造をつくって、この業界を盛り上げていきたいなと思っています。

設楽　Ｈｅｇ．が8万人の頂点に立てたことはすごいことで、ものすごくうれしかったですね。本人に対する称賛ということもありますが、自分自身も周りのスタッフたちも、

「ヒト施策でやってきたことが間違いじゃなかった」と証明できたことで、すべてのビームススタッフのモチベーションアップにつながりました。さっき小野里さんがおっしゃっていた、スタッフのカリスマ化やカリスマ育成の仕組みが、少なくともビームスでは現実化し、盛り上がっています。おそらく今回の受賞は、今後のビームスのブランディングやリクルートなどにもすごく役立つと思います。

ヒト施策でいうと、「スタッフのライフスタイルを見せる本」ということで、『BEAMS AT HOME』(宝島社刊)という書籍を14年から出してきました。それまでスタッフは主に洋服のコーディネートを発信してきましたが、「ライフスタイルを売っているなら、それでファンを獲得していこう」「服が出ないカタログをつくろう」「スタッフの生活を見せよう」ということを形にしたものです。22年に発売した第7弾では、ウェルビーイングにフォーカスしました。目次にはライフスタイルを紹介しているスタッフの名前が載っており、総勢87人が登場します。これまで、およそ1000人のスタッフと、そのライフスタイルが紹介されたことになります。

サーフィンを楽しむライフスタイルを送っているスタッフには、サーフィン好きなお客さまが会いたい、つながりたいと思ってもらえるのではないかと考えていましたが、それだけではありません。「この本を見て、ビームスに入りたいと思いました」という、仲間になりたい人がものすごく増えたんです。スタッフのライフスタイルを見せることでファンを獲得しようと思っていたことが、店や企業のリクルートにも貢献していると実感しています。

オンライン上でも、今はスタイリングやスタッフのお薦め、着こなしのテクニックなどに注目してもらえることが多いですが、**今後はさらにスタッフの人となりであったり、趣味やライフスタイルなど、『BEAMS AT HOME』のデジタル版みたいなものが必要になってくる。**私もこういう生活をしてみたいとか、こういうことを楽しみたいと共感してもらえると、会社や業界に憧れを抱いてファンになっていただけると思っています。

小野里　みなさんセンスがいいし、こんな素敵な生活をされているんですね。「ビームスで働けば私もこういう暮らしができる」と憧れが生まれるのはよく分かります。やはり、人にお客さまがつく時代、人の時代だなと思いますね。特にコロナ禍になって不安が大きくなる時期に、頼れる人とつながっていたいとか、心地よいものに囲まれていたいという意識がすごくあったと思うんです。だから、デジタルの世界でも人のぬくもりや情緒を伝えることはすごく重要ですよね。

『BEAMS AT HOME / For Wellness In Life』

設楽　そう思います。体温が感じられることがとても大切ですよね。

小野里　スタッフ・オブ・ザ・イヤーのもう一つの狙いは、社内コミュニケーションの活性化です。今回、Ｈｅｇ．さんの出場に向けて社内で一致団結するなど、副次的な効果もあったらよいなと思っているのですが、ビームスではどうでしたか。

設楽　ものすごくありました。やっぱり一体感が高まりますね。スポーツでも同じで、高校野球でも応援団から何から全員が盛り上がって一つになる。これはすごく大事なことです。Ｈｅｇ．が出場するにあたって、そのサポートとして所属店や本部も練習に参加するなど、みんな頑張っていて。こういう共通の目的に対して、ファッション業界が盛り上がるムーブメントをつくったのはすごいですよね。

小野里　ありがとうございます。当日、ビームスの遠藤恵司副社長も会場にいらしていただいていたのですが、Ｈｅｇ．さんのグランプリを泣いて喜んでくださって。思わず抱き合って僕も泣いちゃいました。これも先輩方がつくり上げてくださったブランドやスタッフがいてこそのものです。

設楽　リーダーの一番大事なポイントって、モチベーションに火をつけることだと思うんですね。「経営者の仕事は、モチベーションをデザインすることだ」と言っても過言ではありません。社内での通達や会議などだけではなく、一つの目標に向かってみんなが協力し合って事を成し遂げる。それも熱い思いで。スタッフ・オブ・ザ・イヤーはモチベーションをデザインすることにおいて、いいトライアルだと思います。

今後はリアル店舗がライブ配信拠点に

小野里 ビームスさんは自社でスタッフ投稿システムを開発・構築していて、そこからの情報のとりまとめ、可視化などをバニッシュ・スタンダードで手掛けさせていただいていますが、成果、効果は上がっていますか。

設楽 はい、大きなポイントは2つあると思っています。一つは、いろいろなものが可視化されることで、例えば、非常に伸びている人間は他と何が違うのかということが分かって、スタッフ教育がやりやすくなっています。もう一つが、モチベーションという意味で言えば、評価に結び付けられるという点です。個人や集団の評価に結び付けられることが分かりました。これは成長に対するモチベーションになりますね。

デジタルの特徴はまさに「数値化される」という部分ですよね。店はリアルだけど、

「あの接客は良かったな」とか、「これで良かったのかな」などと、なんとなくの感触で手探りしている部分がありました。それが数値で出ると、表現方法などがすごく良かったらPVや売り上げも伸びるし、そうじゃなかったら反応がないなど、自分自身の勉強になり、進化していくきっかけになるのはプラスですよね。

小野里　スタッフのスタイルが格好いいとか素敵という要素はもちろんのこと、気が利いたコメントが書かれているとか、後ろ姿も含めていろいろなパターンで服が見られるなど、みなさん投稿方法をどんどん学んでアップデートしていますよね。それと、リアルの店舗で培った接客のノウハウやネットワーク、おもてなしの心などをデジタルの世界でも発揮しようとする方が増えています。

設楽　そうですね。デジタルの課題は、今後、スタイリングや販売テクニックだけではなく、いかに個人の趣味や魅力、ライフスタイルを表現できるかです。良い部分で言うと、いろいろな形の創意工夫の効果が数値によって分かること。1つの商品やコーディネートを自分で考えて説明することで、リアルな接客の中でもそれが生かされたり、自分の成長につながったりします。「この商品を2分で説明して」ということを繰り返し行っていくことで、普段のリアルの接客のトークが磨かれたりもします。

ビームスは今後、ライブ配信も強化していきたいと考えているのですが、そのためには、この自分で考える過程が必要です。実は「ジャパネット・ビームスをやりたい!」と思っているんです(笑)。「ジャパネットたかた」がすごいのは、商品のスペックや機能だけでなく、生活の中でどんなことができるのか、例えば「おじいちゃん、おばあちゃんも自宅でカラオケができますよ」とか、「お孫さんが来たら一緒に楽しめますよ」といった体験価値を伝えられています。あれが本当のライフスタイルの中での商品の説明・提案だと思うし、今後のあるべき姿だと思っています。

小野里 すごくよく分かります。設楽さんに一番質問したかったことがあるのですが、僕たちがつくるべき世界は、オンライン接客を通じて売り上げが立ったら、その投稿をしたスタッフだけではなく、所属する店舗にも売り上げ、評価をつけることなのではないかと。これがアパレル業界のリアル店舗を維持するための重要な施策になると思うのですが、設楽さんはどうでしょうか。

設楽 ビームスではすでにそれに近い形になっています。個人だけではなく、所属している店舗やチームまでしっかり見るようにしています。例えば、グランプリを獲ったＨｅｇ．には当然社長賞を出しましたが、そのＨｅｇ．を支えて応援した恵比寿の店舗スタッフ一同にも社長賞を贈りました。評価制度は時代によって最適化していくべきもので、これはリアル店舗でもオンラインでも同じですし、さらに数値化をして公平な評価ができないか、常に検討しています。

さらに**スタッフだけではなくて、ファン化、コミュニティー化を進める中で、応援してくれるお客さまにも還元できないかということを考えています。**例えば、オリジナル商品を限定数で販売して最初に買ってくれたお客さまに何かしらの権利を与えて、追加販売されるごとに最初に買ってくれた人に還元できるような仕組みなどがあると、応援購入・応援コミュニティーができるかもしれません。ゆくゆくはお客さまが考えたものを製品化するようなことまでできたりしたら面白いですよね。

今、適正な数量をつくって売り切っていくことはＳＤＧｓやサステナビリティーの観点からもとても大切なことですが、大変なことでもあります。以前はたくさんつくってコストを下げて、売れ残ったらセールにかけて、それでも売れなかったら最後は廃棄するということでしたが、これからはそれでは通用しません。売れる数だけつくっていくための実験をしたり、その実験に手を貸してくれた人々に何らかのインセンティブを提供していく。そういう時代になっていくと思います。

小野里　それは素晴らしいですね。僕たちがやろうとしていたことも間違っていないと思えて、勇気が出ます。

設楽　先ほどビームスは「インフルエンサーの集団になりたい」とお話ししましたが、**ビームスは会社名でもブランド名でも屋号でもなく、ここにいる、明るくて楽しい社会現象を起こす集団がビームスであり、みんなと仲間になりたい。その最小スケールが店舗であると位置付けています。**例えば「ビームスボーイ」のファン、「ビームスプラス」のファンなど、ブランドや店舗ごとにファンがいて、コミュニティーができてきます。「ビームスゴルフ」のスタッフは、すでにファンであるお客さまと一緒にゴルフに行ったりもしています。

ちなみに、広島では「ヒロシマウラマルシエ」というイベントを開催したのですが、店舗をベースにその地区のコミュニティーをつくる動きが活発化しています。さらに物流センターなどはスペースもありますし、コミュニティーの拠点にしていきたいと思っています。

ビームスはスーパーブランドでもファストファッションでもない、いわば中間ブランドです。中間ブランドが世の中にごまんとある中で、どうやってビームスに来てもらうか。

それはもう仲間になってもらうしかない。だから、「ビームスはコミュニティーブランドになりたい」と宣言して、今までどこにもなかった存在を目指しています。それを、デジタルとリアルを駆使してどうつくり上げていくかがチャレンジングなところです。

僕自身、リアル店舗はディズニーランドよりも行きたいと思えるような場所にならないといけないと思っています。店に行けば楽しさやハッピーがある。それを伝えていけるのもデジタルの良さです。例えば、店舗では営業が終わった後にライブ配信などを実施してきましたが、近いうちに営業中の店舗でもそれができるようにしたいと思っています。少し前までなら、店頭でカメラやスマホに向かってライブ配信や撮影などをしていたら、怪訝な顔で見られたり、買い物の邪魔をされたと思われたりしたかもしれません。

でも、ライブ配信はかなり浸透してきましたし、それ自体がエンターテインメントであり、お客さまサービスにつながるという逆転の発想でいきたい。先ほどもリアル店舗が劇場になると話しましたが、まさにＨｅｇ．のライブ配信を見にお店に行きたいという人が増えることにもつながる。ライブで話すのはすごく大変なことですが、それができるようになったら、スタッフの成長にもつながります。

小野里　店舗に観覧できるラジオの放送局とか、テレビのスタジオなどがあるイメージで

22年9月にリニューアルオープンした「ビームス 横浜東口」のフィッティングルーム

すね。

設楽 はい。実際、新しくリニューアルした京都の店舗や新店のアウトレットなどでは、店内にスペースをつくっています。ライブ配信をしたり、ポップアップストアなどにも使えたりします。また、新しくできた店舗では、2〜3人入れるような大型のフィッティングルームもつくりました。そこからライブ配信ができたり、お客さま同士が一緒に入って「似合うね」「私、そっちがいい」などと言い合ったり、写真を撮ったりできる。そうした新しい形のリアル店舗をつくっていきたいと考えています。

小野里 ビームス発でライブ配信が定着

していくと、スタッフの活躍の場が広がりますね。僕たちは、こうした新しい店舗スタッフの在り方を商業施設や百貨店の方々も巻き込みながら進めていきたいと思っています。

設楽　商業施設の理事会などでは新しい時代に即した契約方法についても話題に上がるようになっています。昔、我々もそうだったのですが、店頭に立っているスタッフは、ECが伸びたら自分たちの成績が落ちてしまうと危惧していました。でも、今ではリアル店舗とECが両方で協力し合うことでどちらにも寄与することを理解するようになってきました。

だから、これまで売り上げ歩合が中心だった契約形式も、路面店と同じように固定家賃にすべきではないかと思っています。通常より家賃比率が高かったとしても、OMO（オンラインとオフラインの融合）を進める中で重要な価値があるところなら、全体計画の中で出店していくというような判断も考えられます。これから、出店戦略や出店先選びも変わってくるかもしれませんね。

小野里　最後に、ビームスさんはメタバースやNFTなど先進的な取り組みも始めていますが、それが店舗スタッフやビジネスモデルにどのように変化をもたらすと思いますか。

設楽　次の時代のマネタイズの方法になるかはまだ分かりませんが、僕自身、時代が変わる瞬間に立ち会っていたいし、少しでも早くその知見を獲得したい。デジタル上に新たな生活空間ができるとしたら、その中でビームスとして商品やライフスタイルが提案できるのではないかと思ってトライアルしているところです。

特にメタバース上のバーチャルイベント「バーチャルマーケット」では、ビームスの店舗をつくって、スタッフがアバター姿で商品を説明したり、ユーザーにアイテムを試着していただくなど、リアルにものすごく近い形の接客販売を行っています。バーチャルだけど、それがリアルになる時代。メタバース内にもう一つの人生を持つ時代、人生を2倍楽しめる時代になると実感しています。すでにバーチャルマーケットは世界から100万人以上が集まる一大コミュニティーになっています。今後、VRゴーグルなどが一般化すればユーザー数は爆発的に増えるでしょう。その時のためにノウハウを蓄積しているところです。

大局をつかみ、時代がどう変化するかはいつも考えていますし、その時にどういうことを先行してやっておかなければならないのかも常に考えています。今後も、一緒にチャレンジしていけたら面白いですね。

chapter

6

「もう1店も潰さない」。リアル店舗の明るい未来

スタッフスタートで作成された投稿は年間約３００万に達し、それらのコンテンツを経由した流通経由売上高は１５２９億円（２０２１年９月〜22年８月）を達成した。１カ月で１億円以上売り、年間10億円以上をＥＣで売り上げる店舗スタッフも登場しており、都内だけではなく、地方店や郊外店の店舗スタッフが輝ける場をつくってきた。また、導入企業の７割がインセンティブや評価制度などを整備し、店舗スタッフの賃金アップにも寄与してきた。

これまで何度もお伝えしてきたように、スタッフスタートは店舗スタッフを主役にするためにつくったサービスだ。企業とお客さま、店舗とＥＣをつなぎ合わせる最後のピースは店舗スタッフであり、彼女ら彼らが好きな仕事をずっと続けていけるように応援し続けていきたい。

それを実現するための構想が、僕の頭の中にはたくさん詰まっている。

必要なのは、商業施設、街の「丸ごとＤＸ」

テクノロジーの進化と、サステナビリティーの重要性の高まりにより、小売業、そしてリアル店舗の在り方はますます時代対応が求められることになる。ゲームやメタバースをはじめとしたオンライン空間で過ごす時間も増えてくる。それに伴い、デジタルファッションが台頭し、「自己表現はリアルよりもバーチャルで」という人々も増えるかもしれない。気候変動を食い止めるためにモノを買わない、古着などのリセール品を最大限活用する、買ったら長く使う、買った後も循環させるといった「循環型経済」が本格化していく。

ＥＣは各社がさらに力を入れることは間違いない、既定路線だ。ブランドの自社ＥＣや、百貨店、商業施設のＥＣモール、そしてアマゾンや楽天市場などのメガＥＣプラットフォームはもちろんのこと、ＢＡＳＥ（ベイス）やＳＴＯＲＥＳ（ストアーズ）、Ｓｈｏｐｉｆｙ（ショッピファイ）といった個人でも出店しやすいＥＣプラットフォームなどもますます台頭するだろう。ＳＮＳからダイレクトで購入するソーシャルコマースも本格化することになりそうだ。

そんな中でも、リアル店舗の価値が薄れることはない。なぜなら、ＥＣに比べて視認性が高く、一目見ただけで品ぞろえや世界観を感じ取れる情報量の多さはリアルならではで、実際に商品を触ったり試着したりもできる。何より、スタッフとリアルに会えて自らに合わせた接客やスタイリング、サービスなどを受けることができるし、人やモノとの偶然の出合いも体験できるからだ。

ただし、原材料高や人件費の高騰などにより、コストが高止まりし、リアル店舗単体だけで収益をバンバン上げることは難しいかもしれない。だからこそ、これからはリアル店舗を一層パワーアップしてＯＭＯ（オンラインとオフラインの融合）を推進しつつ、店舗売上高を向上しなければならない。今後はもっと明確に、リアル店舗の売り上げ向上にまで寄与することが、バニッシュ・スタンダードが目指す未来だ。

まず、実現したいのは、真の「スタッフコマース」。それは、「スタッフの誰々さんから買いたい」という指名買いの世界だ。これが増やせると、リアル店舗の集客力は格段に高まり、真のＯＭＯが推進されることになる。スタッフスタートがコーディネートを投稿するための単なるサポートツールではなく、リアル店舗を残して次の世代に原宿のようなファッションタウンを残したいと本気で思っている。

もう一つ、商業施設に向けた施策も考えている。アパレル業界のチャネル勢力図として、ルミネやパルコ、イオンモール、三井不動産のららぽーといった商業施設はとても大事な拠点だ。**商業施設全体の売り上げを伸ばしていけるようにしたい。「商業施設ＤＸ（デ**

ジタルトランスフォーメーション)」だ。

現在、スタッフスタートは三井不動産が手掛けるECモール「アンドモール」の他、ルミネや三越伊勢丹、阪急阪神百貨店、そしてイオンモールと商業施設DXをどんどん進めている。イオンモールでは、館内のエントランスに近い場所にデジタルサイネージを設け、そのモールで働いていてスタッフスタートを活用中の店舗スタッフの投稿が表示されるようにしている。あくまでもこれは「入り口」にすぎない。

商業施設はテナントの集合体であり、スタッフの集合体だ。ただし、一つひとつの店は個別で運営されていて、接客スタイルも決済もサービスもそれぞれで行っている。商業施設のデベロッパーが販促を行う一方で、各店舗も独自で集客をしているが、今は商業施設同士の競合も激しく、ECで購入するからと商業施設に足を運ばない人も増えている。

そんな中で、商業施設に来店してもらうには、「集合体」であることを生かすべきだと考えた。例えば、ブランドAに来たお客さまに館内の別のブランドBを紹介したり、あるいはアパレルの店舗スタッフが館内のお薦めの飲食店や総菜店、スイーツを紹介したりしてもいいと思う。**来店いただいたお客さまに対して、「自分たちの店で購入してもらっておしまい」ではなく、さらに館内を回遊してショッピングや体験を楽しんでもらう。**そんな仕組みを商業施設DXとしてつくり上げようとしている。

そのために何をしなければならないか。**1つ目は、「お客さまの来店検知」だ。**どこどこのテナントで買い物をした経験のあるお客さまが来店した。今は施設2階にある店に向かっている。どこをどう歩いて、どこのお店に入って、何の買い物をしたのかといった行動を検知する仕組みを考えている。そうした「顧客カルテ」を蓄積することで、次の提案や購買につなげることができると思う。

例えば、デジタルサイネージの前をAさんが通過したとする。「先月フリークス ストアで買い物をしてくれたAさんが来館されています。今から2階に上がります」という情報が登録店舗に共有される。すると、関連店舗のスタッフは店の前でお待ちしていたり、顧客カルテで以前購入いただいた商品を確認して、「先日買っていただいたワンピースいかがでしたか?」などとリッチな会話をすることができる。これならきっと最高のホスピタリティーにつながるだろう。

来店検知自体はNTTデータやLINE（LINEビーコン）などが開発していて、すでに技術的には可能だ。どこと組んでいくのか、顧客カルテをどこまで情報共有して開示するのかなど、しっかりと議論をして来店検知サービスを実装していきたい。

2つ目が、「お客さまの相互送客」を各店舗で行っていくことだ。店同士やスタッフ同士が仲が良いことはあるかもしれないが、会社やブランドとしては受け入れがたいなど障壁もあるだろう。僕らはそれに対して、送客したブランドからインセンティブが返ってくる仕掛けを解決策として提示していきたい。例えば、ビームスを紹介してそこで売り上げが発生したら、紹介した店舗スタッフやブランドに商品代金の5％が入るといった具合だ。商業施設全体が一体になって売り上げを伸ばし、お客さまの満足度を高める文化をつくっていかなければならない。

3つ目が、「リクルート支援」だ。店舗スタッフとして働いていた人々が、やむなくお店を辞めることがある。家庭の事情によって働き方を変えたいとか、人間関係、キャリアアップ志向、自身と顧客ターゲットのテイストや年齢のかい離を感じたなど、いろいろな理由があると思う。その際、同じ商業施設内の他の店で働きたいというニーズがけっこうあると聞く。スタッフスタートには販売実績などのさまざまな蓄積もあるし、利用企業・ブランド数は年々増えている。この基盤を活用してリクルート活動を支援することが、店舗スタッフや企業、業界への貢献にもなると思う。

商業施設の潜在パワーはまだまだある。でも、今のままだとＥＣに売り上げを取られて、これまで通りの歩合賃料では収益性が低下するだろう。固定賃料への切り替えなど企業・ブランドとの契約形態も変わっていくだろうが、それ以外にも活性化策を打っていくべきだ。

僕たちが考えている来店検知や相互送客、リクルート支援など、これらは構想が壮大なので、1年、もしくは2年ぐらいかかるかもしれない。だけど、何としてでもやり遂げて、商業施設を含めてリアル店舗を盛り上げていきたい。お客さまとのコミュニケーションが生まれ、愛着や温かみが生まれる。「ありがとう」と言ってもらえる機会が増えたり、所属店舗を移りやすくなったりすることで、店舗スタッフも館全体も盛り上がっていける。スタッフやリアル店舗、商業施設の新しい価値創造が一気に進む。そういう世界をつくっていきたい。

商業施設DXの次は、銀座や原宿などの街単位、さらには日本全体で、リアルな買い物を楽しくできるような「エリアDX」にも挑戦していきたい。そこには、来街者検知や相互送客、そしてカリスマを含めた店舗スタッフ活用などが大きく寄与してくることになると思う。

新しいスタッフ評価「チップ文化」をつくる

僕らは店舗スタッフの投稿を通じて、最終的にどれだけEC売り上げにつながったのかを可視化するサービスを提供してきた。ただ、そもそも店舗スタッフのコーディネート投稿を通じて買ってくれるのはお客さまであり、リアル店舗でもスタッフと直接対話したりサービスを受けたりしているのはお客さまだ。

ならば、お客さまからの評価があってもいいと考えている。例えば、ウーバーイーツではサービス後に利用者が満足度の星印をつけて、「応援してあげてください」とチップを促す仕組みを取り入れている。**僕たちも、店舗スタッフがお客さまから直接サービスを評価してもらい、お礼や応援の意味でチップをもらうという世の中にしていきたい。**

つまり、「チップ文化」をつくりたい。もちろん賛否両論あると思うが、現在、スタッフスタートを活用してくれているアパレルや小売業、サービス業だけではなく、介護や保育、農業といったあらゆる分野の「現場で働く人」を大切にし、存続させていくことを考えたとき、チップ文化をつくらないとまずいのではないかと危機感さえ抱いている。手厚い「おもてなし」には相応の対価で報いる必要がある。日本だと、現金がいいのか、ポイントがいいのかなど、気持ちを示す「手段」は検討を進めていく。

今はオンラインとオフラインの両方の接客に対して評価・チップ制度を考えているところだ。例えば、ＥＣで商品を購入した際、そのコーディネートをお薦めしてくれた店舗スタッフの顔やプロフィールが出てきて、良いと思ったら「プレゼントやチップを贈る」ボタンを選べるようにする。リアル店舗であれば、自社アプリやＬＩＮＥ、名刺のＱＲコードなどを通じてプレゼントやチップを提供できるようにする。そうして店舗スタッフを思い出して、評価したり感謝したりする瞬間をつくるシステムを実現していきたい。

リアル店舗の「稼ぐ力」を高めていく

今後、リアル店舗を継続・発展させ、さらに評価の平等性を高めるためには何をしたらいいのか。答えの一つとして、**僕はオンライン接客だけではなく、リアル店舗での接客に対してもきちんと評価できるようにしたいと思っている。**オンラインでの集客はＣＲＭ（顧客関係管理）などデータで分かるが、オンラインからオフラインにどれだけ送客したのか、またその逆は実はよく分かっていない。そこで、先述した来店検知機能を早くつくっていきたい。

さらに、リアル店舗での仕事にはバックヤードの在庫整理やレジなど付帯業務も多い。そういう役割のスタッフを含めて、トータルに評価できる仕組みを開発し、24年をめどに活用できるようにするつもりだ。

そうすれば、店舗スタッフのモチベーションは一層上がるし、EC、リアルともに売上げの貢献が完全に可視化できる。評価されて収入が増えれば好きな仕事で働き続けられるようにもなる。そうやって、いろいろな方法で店舗スタッフの地位向上を図っていきたい。そうすることが、リアル店舗を守ることにつながると思う。

もう一つ、重要なのが店舗スタッフの稼ぐ力を高めていくことだ。すでに本格実装に向けて動いている機能がある。20年4月に特許を取得した「商品スコア機能」だ。これは、販売する商品に利益率や在庫などの状況からスコアをつけられる機能で、評価にもひも付けられる。

例えば、売れ行きの悪い商品、消化率の低い商品をスコアリングして、店舗スタッフがその商品を売った場合には評価が上がるという仕組み。「これが売れたら通常のインセンティブ（3％）だけど、こちらを売ってくれたら6％還元する」など、商品ごとにインセンティブ比率を変えられるようにする。売りやすい商品ばかりに投稿が集まらず、見過ごされがちな商品やお薦めの難易度が高い商品が幅広く〝発掘〟されることにつながるはずだ。

商品スコア機能には、作った商品を売り切る、廃棄在庫を残さないというサステナビリティーにつながる観点もある。それ以上にアパレル企業の収益性向上にも寄与できると思っている。かつては、売り上げ計画よりも多くの商品を生産したり仕入れたりして、残ったらセールやアウトレットで販売、それでも売れなかったら廃棄というサイクルになっていた。しかし、今はCO_2排出や資源の無駄使いは許されない時代になっている。そもそもアパレルは売れ残り商品が多いから収益率が低下し、業績の悪化につながってきた。今、消化率を高めることは非常に重要な施策となる。

販売現場はというと、多くのアパレル企業では個人の売り上げ目標が設定されていて、店舗スタッフは売りやすいものをお薦めしがちだ。特にＥＣでは売れるものはとことん売れるから、コーディネート投稿には効率よく売り上げを獲得しようとするバイアスがかかる。すると、本来しっかり良さを伝えれば売れる商品に光が当たらなくなってしまう。

そこで、**余剰在庫につながりそうな商品を早めに検知し、「この商品、やばいです**

よ！」「このままだと売れ残りますよ！」と注意喚起して、店舗スタッフの力で売り切っていく。それができれば、アパレルはハッピーでサステナブルになるし、お客さまは埋もれてしまっていたかもしれない商品と出合えてラッキーだ。当然、収益が確保できるから店舗スタッフにもインセンティブが還元されやすくなる。こんな世界が実現できれば、みんなが幸せになれると思う。

その先の構想として、店舗スタッフが「バイヤー機能」によってあらかじめ目利きした商品が、実際の商品スコアはどれくらいだったのか答え合わせをできるようにしたい。もともとバイヤー機能は、店舗スタッフの活躍の場を広げるためにつくったサービスだ。企画中の商品や仕入れ予定の商品が売れるか売れないかを店舗スタッフの目線でジャッジする機能で、マッチングアプリ「ティンダー」のように、直感的な操作が可能だ。

お客さまや競合他社の商品、自店の強みを肌感覚で最も理解している店舗スタッフの力を活用して、商品のヒット率や消化率を高めることが狙い。同時に、商品選定のプロセスに店舗スタッフを巻き込むことで、品ぞろえが「自分ごと化」され、店舗スタッフのモチベーションアップも図れる。今後は、消化率が高い＝正解率が高い店舗スタッフを判定し、「あなたは目利きのセンスがある！」と、さらに評価を追加することにもつなげてほしい。

スタッフスタートを一般開放？ 自由な働き方を

さらにその先の未来に向けて、あらゆる人の働き方が自由になるサービスも構想中だ。

スタッフスタート開発のきっかけの一つは、「なぜ、ママはクビになるのか」だった。妊娠をきっかけに退職を迫ることはマタハラ（マタニティーハラスメント）として禁じられている。だが、少ない人数で運営しているブランドやリアル店舗などでは、産休・育休は会社や仲間に迷惑をかけてしまうからと、「空気」を読んで退社する人も多い。ひどい話だが、退職を誘導されることもある。

でも、僕はママでも、介護中でも、家族の都合で転勤している人でも、接客・販売業が好きなら、その分野で働いて稼いでやりがいを感じられる世の中にしたい。

そのために、**各ブランドの商品データベースが蓄積されたスタッフスタートのシステムを一般開放し、スタッフ投稿に服のコーディネートだけではなく、好きなモノを連携させたり、企業に所属するスタッフ以外の人も投稿できたりする形を構想している。**

例えば、コスメ好きのアパレル店舗スタッフなら、「メイクにはこのコスメを使いました」と紹介する。あるいは、音楽好きのアパレル店舗スタッフがプライベートのライブシーンを投稿して、使っている楽器をお薦めするなど。他にも、産休中の店舗スタッフがママグッズを推奨する、親の介護で離職したけど知識や技術がある元店舗スタッフが隙間時間にファッション投稿をするといったことだ。

そして、その投稿を経由してECで商品が売れたら、個人やその所属企業にインセンティブを払う。ある意味、店舗スタッフの副業の解禁に近い概念かもしれない。自分が本当に好きなモノの価値を伝えて収入を得る。もっと自由な働き方ができる世の中にできるのではないだろうか。

今、ブロックチェーン（分散型台帳）技術が普及し、同じ目的を持つ参加者がトークンを持ち合い、自律的に管理・運営するDAO（分散型自律組織）が注目されているが、ずっと中央集権だったファッション・小売業でも、DAOが実現できるようになるかもしれない。

また、**成果が出る人や興味のある人に対して、企業から正式にオファーが来る（オフィシャル店舗スタッフになってください！など）という仕組みもつくりたい**。そのためには、スタッフの履歴書、「スタッフカルテ」ともいえるようなものを作成して、スタッフスタート上での実績を引き継げるようにする必要があるだろう。「この人の販売力は偏差値70

です」といった具合に評価されていれば、安心してスカウトできる。これは、先述したリクルート支援にもつながる。スタッフカルテが、次の就職や採用へのパスポートのようなものになってくれればうれしい。

人気スタッフが一堂に会すECモール構想

バニッシュ・スタンダードはこれまでの積み重ねで、店舗スタッフのデータを圧倒的に持っている。今後はそれを活用して、世の中に店舗スタッフの価値をもっと届けることと、店舗スタッフの新しいプラットフォームに進化していきたい。例えば、「この店舗スタッフは、デニムをたくさん売ってる『デニム王』なので、デニムのことを聞きたい人はつながってください」など、店舗スタッフの得意なスキルを生かした、買い物の相談場所や新しいサービスの提供をしていきたい。

その一つのアイデアが、バニッシュ・スタンダードによるＥＣモールの展開だ。スタッフスタートは現在、18万人を超える店舗スタッフが利用してくれている。そんな各社の店舗スタッフたちが一堂に会して接客してくれるＥＣモールだ。

我々がやるからには、普通のＥＣモールでは意味がない。先述した来店検知や顧客カルテ、スタッフカルテなどから、**「このお客さまならば、このスタッフの接客が最適ですよ」といった人と人との出会いをレコメンドできる、そんなスタッフテック型のモールを考えていきたい。**

この「スタッフスタートモール（仮称）」には、ファッションやコスメなどが好きな芸能人にも活用してもらいたいと思っている。店舗スタッフはお客さまにとってのスタイリストでもある。その延長線上で、芸能人のスタイリングを担当する機会を創出していく。スタイリングや店舗スタッフの人柄などが気に入れば、ＳＮＳに投稿して情報を拡散してくれるかもしれないし、その後も指名でスタイリングができるようになるかもしれない。この状況が売り上げや信用などにも大きく寄与してくることになるだろう。

ちなみに、店舗スタッフに対するインセンティブ制度や評価制度をきちんと設定・運用している企業だけが利用可能といった条件も付けたい。スタッフファーストの姿勢を本気で実践し、僕たちと一緒に良い世界をつくろうとしてくれるところとさらに連携を深めていきたいからだ。これが縁で、ライフステージが変わっても大好きな販売の仕事が続けられたという人が増えてくれたらこんなにうれしいことはない。

今、芸能人やインフルエンサーは、特別に衣装として仕込まない限り、テレビや雑誌、ドラマや映画、イベントなど、ブランド側からはいつどこで着用されるのかがよく分からず、せっかくのプロモーションの機会を逃してしまうことも多い。例えば、その露出情報が番組放送後ではなく、番組予告とともに情報発信できたほうがいい。その段階で追加生産をかけて在庫を積み増すことで、売り上げや利益を最大化することも可能になる。そんな仕組みにも使えるはずだ。

海外でも「店舗スタッフが主役」の文化を広げる

いずれ海外にもスタッフスタートを本格展開していきたい。すでに21年から越境ＥＣの形で台湾には進出しており、結果が出ている。

これから狙っているのは米国市場だ。言うまでもなく、日本以上に市場が大きい。アパレル業界から狙うべきか、巨大ＥＣモールと組むサービスとなるのかなど、方法と順番を考えている。

アパレルから入れば、きっと広がるのは早いと思うが、導入先はカジュアルブランドになりそうだ。ラグジュアリーアパレルの本場は欧州なので、先に欧州から入るほうが浸透しやすいかなとも思案している。「ルイ・ヴィトン」や「ディオール」などを擁するLVMHグループや、「グッチ」「バレンシアガ」などを擁するケリング・グループなどが活用してくれたら最高だ。

文化の違いや政治力、人気ブランドやD2Cブランドなどをちゃんと見てこようと思い、22年10月と23年1月の2度にわたって米国を訪れた。店舗DXと店舗スタッフにフォーカスして、モールや路面店など30カ所ぐらいを視察してきたのだが、コロナ禍の後ということもあり、BOPIS（バイ・オンライン・ピックアップ・イン・ストア）やカーブサイドピックアップなどが全盛になっていた。デジタル化によるショッピングのさらなる効率化や利便性の向上が見て取れた。店もショッピングモールも、日本に比べて何倍も大きいので、店内を歩くだけでも大変だから、店舗受け取りの仕組みが発達したのだと思う。

気になったのは、全般的に利便性という価値ばかりが突出している気がしたこと。例えば、アマゾン初のファッションのリアル店舗「アマゾンスタイル」も見た。確かに未来感はあったが、個人的にはあまりテンションが上がらなかった。

この店の面白いところは、事前に身長、体重、好みなどを登録しておくと、店舗スタッフの提案ではなく、自分が似合うものをＡＩが自動でピックアップしてくれる点だ。試着室の予約時間が提示され、時間になったらＡＩが選んだ似合う服が掛かっていて、それを試着できる。そこまでの仕組みはすごい。でも、僕に提案されたのは明らかに見当外れの似合わない服だった（笑）。気に入らなければ他のものを持ってきてもらう指示もできるのだが、そうなると一気に面倒くさくなってしまう。すごいテクノロジーではあるけど、僕の観点で見ると少しもテンションは上がらない。「だったらＥＣでよくない？」レベルだ。

一方、米国の既存アパレル店舗などでは店舗スタッフによる接客が手薄で、日本のようにおもてなしレベルのものはサービス業や飲食業でしか感じられなかった。不思議なことに、飲食店はチップが20％ぐらいつくけど、小売業のスタッフはもらっていない。「接客しても意味がない」と、テンションの低さにつながっている気がした。

実際、お客さまがいるのにスマホをいじっていたり、中にはオンラインゲームをしている人もいた。調べてみたら、米国のファッション系従業員の時給は平均16ドル（約２２００円、１ドル＝１３６円換算）、月給にして35万～40万円程度とのこと。チップがもらえる飲食業やサービス業のスタッフが月50万~100万円稼いでいるのとは雲泥の差がある。米国の小売業の店舗スタッフは、ハイブランドや百貨店の一部には売り上げに応じたインセンティブがあるというが、それもコロナ禍前に比べると店頭売上高が減少しており、収入が下がっている人がほとんどのようだ。リアル店舗の収益性を上げるためにより効率化しなければならず、残念ながら店舗スタッフの必要性がますます低く評価される状態になっており、とても悲しかった。

店舗スタッフにも直接声をかけまくって現状を聞かせてもらった。「何でこの仕事をやっているの?」と聞くと、「好きだからやっている」と。チップはもらえないし、給料も安いけど、商品が好きだから働いているという人が多かった。

そこで、「スタッフスタートみたいなサービスがあったら使いたい?」と尋ねると、「そんなサービスが存在するのか!? こんな仕組みがあったら絶対使うよ」「オンラインの売り上げに貢献したら報酬がもらえるなら、一生懸命頑張るよ」と好反応だった。

けれども、自分たち店舗スタッフが投稿することに対して、「所属しているブランドが許さないんじゃないかな」という懸念も聞いた。これは、日本も最初はそうだった。だからこそ、米国でも可能性があると感じた。

米国を視察して改めて感じたのは、日本には「おもてなし文化」があるということ。そのぶん、効率化や利便性が徹底しにくい面もあるものの、**僕らが頑張ることで日本のおもてなし文化をさらに発展させ、後世に残していけるのではないかという自負も持てた。今後、世界中の店舗スタッフをサポートしてリアル店舗を救う。**そんなチャレンジに向けて、今から本当にワクワクしている。

最後に、僕は人が好きで、ファッションが好きで、買い物が好きで、人と向き合ってコミュニケーションをしまくってきたからこそ、人一倍「人の困っていること」が見えてきた。これからつくっていくサービスやプラットフォームも、人の困り事や課題を解決できるようなものしか考えないと思う。だから、競合サービスが出てきてもなんとも思わないし、もっともっと店舗スタッフや小売業、サービス業の方々の役に立って、リアルの人や店舗を盛り上げていくことだけにフォーカスしていきたい。

「人間、サイコー！」「リアル、サイコー!!」

やっぱり、最後は「人」が重要だ。この一言に尽きる。頭でっかちにDXやEX（エンプロイーエクスペリエンス＝従業員の成功体験）と言うだけではダメで、「現場を見ようよ」「目線を下げようよ」「でも志は高く」とずっと伝え続けてきたし、これからも気持ちは変わらない。

File ① 【STAFF OF THE YEAR2021 ● 1位】

村岡美里さん

バロックジャパンリミテッド
rienda ソラリアプラザ（福岡）店（当時）

Instagramフォロワー数／7.9万人
https://www.instagram.com/misato_muraoka/

Q 店舗スタッフになったきっかけは？
アパレル店員さんに憧れていたので、いつか私もああ、なりたい！と夢見てました。

Q 今まで出会った素敵なお客さまのエピソードを教えてください。
Instagramを見て、北海道から会いに来てくださったお客さまや、県外からわざわざ店舗にお立ち寄りいただきました。
WEBSTOREなどでも簡単にお買い物できる中、会いに来てくださることの大切さやうれしさがとてもパワーになりました。

Q あなたにとって店舗スタッフ人生とは？
人とのつながりの大切さや、自分に自信をくれた私の人生の中でもすごく特別な時間です。

Q あなたの夢は何ですか？
影響力のある人になって、お洋服を通して幸せを届けること。

File ② 【STAFF OF THE YEAR2021 ● 2位】

なとりかさん

バロックジャパンリミテッド
MOUSSY ルミネ立川店（当時）

Instagramフォロワー数／3.3万人
https://www.instagram.com/natorika/

Q 店舗スタッフになったきっかけは？
中学2年生で初めて行ったMOUSSYで出会った素敵なスタッフさんに憧れて、その日にMOUSSYに入る！と決めました！

Q 今まで出会った素敵なお客さまのエピソードを教えてください。
ありすぎて、一人に絞れません。。思い出すと泣いちゃうので。。笑

Q あなたにとって店舗スタッフ人生とは？
夢を叶える場所！人生そのものです！高校卒業後、18歳で入社して敬語も使えない何も分からない私にBAROQUEでの販売人生は一番大切なことと、夢は叶えるものだと教えてくれた場所です！販売人生のおかげで息子にも、夢は叶うよ！と自信を持ってお話しすることができます！

Q あなたの夢は何ですか？
ママも私の大事な仕事なので、時間も限られていますが、これからも色々なことに挑戦して、息子の夢も叶えつつ、販売員の後輩たちに背中を見せて夢を持たせることです！
ざっくりすぎてごめんなさい。。

File ③【STAFF OF THE YEAR2021 ● 3位】

森川小百合さん

パル　mystic 新宿ミロード店（当時）

Instagramフォロワー数／14.3万人
https://www.instagram.com/lily.s_y/

Q 店舗スタッフになったきっかけは？

仲良しの7つ上の姉がいるのですが、自分自身がさらにキラキラして見えるようなファッションをいつも楽しんでいて、そんな姉が店舗スタッフをしていたこともあり、自然となりたいなと思ったのが最初です！ 本格的に目指したい！と感じたのは初めて店頭に行った際どんなお客さまも目がキラキラとされてスタッフさんと楽しそうにお話しされていたのに感動したことがきっかけでした。

Q 今まで出会った素敵なお客さまのエピソードを教えてください。

数えきれないほどあるのですが、東京に異動が決まった際、本当にお忙しい合間をぬって会いに来てくださり最後に一緒に選ばせていただき、お手紙を書いてきてくださったり優しいお言葉の数々をいただきました。 今でもDMでお洋服選びに迷った際連絡をくださるお客さまもいて本当に出会えて良かったなと思います。 もう一つ、わざわざ会いに来てくださったお客さまでありがたいことに涙を流してくださったお客さまがいらっしゃいました。たくさんいる店舗スタッフの中で会いに来てもらえること自体うれしいのに、と思い私も思わず涙してしまいました。

Q あなたにとって店舗スタッフ人生とは？

かけがえのないものです。 ファッションやコスメを選んだりすること、それだけではなくお客さまと趣味や日常の生活のお話でつながることができて、話すことが好きな私にとってはこんなにたくさんのお客さまに携わらせていただき、この仕事につけて幸せに感じております。

File ④【STAFF OF THE YEAR2021 ● 4位】

ゆめきゃぴさん

WEGO　あべのキューズモール店

Instagramフォロワー数／6800人
https://www.instagram.com/iam_yumekyapi/

Q 店舗スタッフになったきっかけは？

小学生の頃からファッションに興味があり、オシャレになりたいという思いと、人生で一度は店舗スタッフとしてアパレル業に勤めてみたいという強い思いがあり、高校生のときにアルバイト応募したことがきっかけです。

Q 今まで出会った素敵なお客さまのエピソードを教えてください。

お客さまが私にコーディネートを組んでほしいとお声掛けくださって、お客さまと一緒にお洋服を選ばせていただいたのですが、私の提案したコーディネートをとても気に入ってくださり、後日その時のお洋服を着てお店に会いに来てくださり、とてもうれしかったです！

Q あなたにとって店舗スタッフ人生とは？

私にとって販売人生は宝物です！ 初めは軽い気持ちで応募し、店舗スタッフ人生がスタートしましたが、店舗で働いていく中でお客さまや、上司、一緒に働くスタッフ、たくさんの方に出会い、いろんな価値観や考え方やファッションがあることを学びました。 また、販売の仕事だけでなく、さまざまなことにチャレンジさせていただく機会もあり、時には失敗したり、悩んだりすることもたくさんありましたが、そんなことを含めてすべてが宝物です！

File ⑤【STAFF OF THE YEAR2021 ● 5位】

Misayoさん

アダストリア
niko and... イオンモール宮崎店

Instagramフォロワー数／6.3万人
https://www.instagram.com/n.misayo/

Q 店舗スタッフになったきっかけは？
小さい頃からFASHIONが大好きでアパレルの店舗スタッフになるのが夢だった。

Q 今まで出会った素敵なお客さまのエピソードを教えてください。
FASHIONに迷ったときにいつもそばにいてくれる存在だと言われたこと。

Q あなたにとって店舗スタッフ人生とは？
PLAY FASHION ！

Q あなたの夢は何ですか？
FASHIONプレイヤーになること。

File ⑥ 【STAFF OF THE YEAR2022 ● 1位】

Heg.さん

BEAMS　ビームス 恵比寿

Instagramフォロワー数／9477人
https://www.instagram.com/res_no_vae/

Q 店舗スタッフになったきっかけは？

大学生のときに服が好きだったので、アルバイトでBEAMSで働き始めました。他にアルバイトをしたことがなく、大学1年生の4月から、BEAMS一筋です！

Q 仕事のやりがい・今後の目標は？

【やりがい】
お客さまに頼りにしていただいていると実感する時です。

【今後の目標】
オンラインでもパーソナルなご案内ができる、お客さまと距離の近いスタッフになりたいです。LINE STAFF STARTのサービスがBEAMSでも導入されたことで、ずっとスタイリングを見てくださっていてお会いしたことのないファンの方々と直接コミュニケーションを取れるようになり、今、デジタル接客がさらに楽しくなってきました。
オンライン＆リアル接客で培ってきた、傾聴力や提案力を生かし、お会いしたことのない方でもパーソナルな接客ができるように取り組んでいます。会えない方でも、アポイントを取り、テレビ電話接客のようなご案内を行い、リモートで全国行脚をしたいです。コロナ禍が落ち着けば、さまざまな店舗に足を運び、お客さまに会いに行ける、お客さまが会いたいと思ってくださる、BEAMSの名物スタッフを目指します!!

File ⑦【STAFF OF THE YEAR2022 ● 2位】

谷口麻実さん

バロックジャパンリミテッド
RODEO CROWNS WIDE BOWL
イオンモール京都桂川店

Instagramフォロワー数／1.4万人
https://www.instagram.com/asami_578/

Q 店舗スタッフになったきっかけは？
当時の店長に声をかけてもらいました。

Q 仕事のやりがい・今後の目標は？

お客さまとお話しする時間も、お客さまの笑顔も、「ありがとう」の言葉も、会いに来てくださることも、スタッフの子たちとも毎日たくさん話していろんなことを共有することも、私がプロデュースした物がお客さまに喜んでいただけたときも、すべてがやりがいで毎日たくさんのやりがいを感じながらお仕事させていただいています。

今後の目標は、毎年掲げてる目標でもある『去年の自分を超える』ように、日々アップデートしたいと思っています。そして今までと変わらず感謝の気持ちを忘れず、お客さまに寄り添い、お客さまと一番近いスタッフでありたいと思っています。

File ⑧ 【STAFF OF THE YEAR2022 ● 3位】

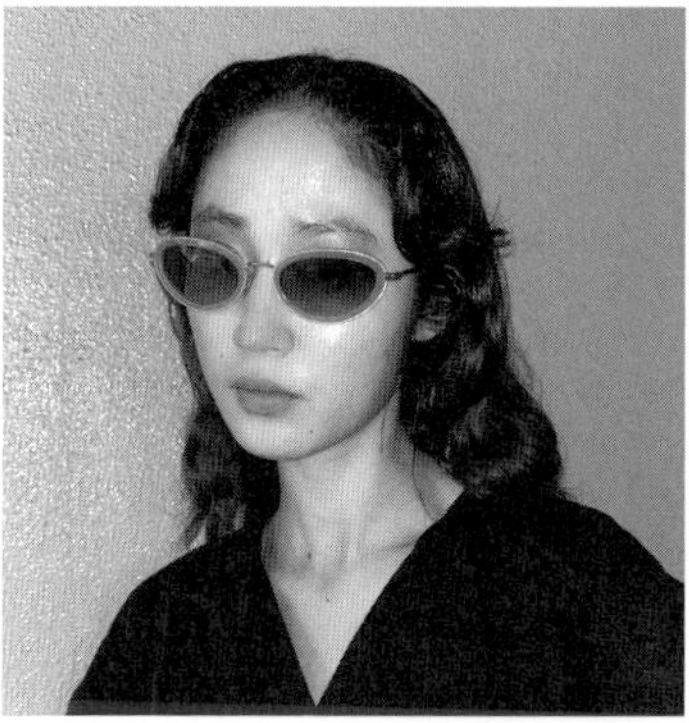

村元七虹さん

バロックジャパンリミテッド
MOUSSY ルミネエスト新宿店

Instagramフォロワー数／1.3万人
https://www.instagram.com/nanako_muramoto/

Q 店舗スタッフになったきっかけは？

もともとプレスになりたくて、とりあえずファッション業界に足を踏み入れなければ始まらない！！と思い、応募しました。あとはMOUSSYのスタッフってモデルさんみたいなキラキラしたイメージがあり、自分もそうなりたいと思いMOUSSYを選びました。

Q 仕事のやりがい・今後の目標は？

仕事のやりがいは、出会ったその人の日常の中にMOUSSYが存在してると感じる瞬間(例えば毎日のようにMOUSSYを着てくれてたり、新作などをチェックしてくれてたり、インスタライブを見てくれたり)。それも私がきっかけでファッションを好きになってくれたり、MOUSSYを好きになってくれたらより強くやりがいを感じます。直接DMや店頭で声をかけてくださる方もいて、そのコミュニケーションの一つひとつが本当にやりがいにつながっています。
今後の目標は、SNSを通して日本以外にもMOUSSYを発信していきたい。

File ⑨ 【STAFF OF THE YEAR2022 ● 4位】

内山綾夕さん

アイア
COCO DEAL ルミネ新宿 LUMINE2

Instagramフォロワー数／5.5万人
https://www.instagram.com/ayu_uchi.032/

Q 店舗スタッフになったきっかけは？

大学生の頃の就活の軸が、「人が新しいものと出会って幸せになる、そのきっかけになれる仕事がしたい」でした。その軸で販売や人材・広告などの仕事に興味を持ちました。
その中で人生をかけて熱量を注げるものは何かを考えたときに、自分の好きなものである「アパレル」の道を極めてプロになれたらかっこいいなと思い、この仕事を選びました。

Q 仕事のやりがい・今後の目標は？

一番のやりがいは、お客さまが持ち帰ったお洋服をたくさん着て、買って良かったと思っていただけることです！さらに「自分では選ばないけど、内山さんが選んでくれたおかげで良い服に出会えました」というお声をいただくことが何よりのやりがいです。
今後はもっとCOCO DEALというブランドの魅力を多くの人に知ってもらって、日々のおしゃれを楽しんでもらえるようにすることが目標です。

File ⑩【STAFF OF THE YEAR2022 ● 5位】

AYANOさん

オンワード樫山
23区 大和富山

Instagramフォロワー数／5912人
https://www.instagram.com/ayn___style/

Q 店舗スタッフになったきっかけは？
当時の23区イメージキャラクターに一目ぼれしました！

Q 仕事のやりがい・今後の目標は？

スタッフスタートを始めてから店頭でお声を掛けていただくことが増えました。これからもブランド内で上位の売り上げを維持していけるよう頑張ります！

インスタグラムにも力を入れて多くのお客さまに見ていただきたいです。


Q 接客する際に意識・大事にしていることは？

【リアル接客】

23区はキャリアブランドでお客さまも自分より年上の方が多いため、エチケットマナーを心掛けて接客しています。


【オンライン接客】

低身長の方だけでなく、23区を好きな方全員に参考にしていただけるようなスタイリングを投稿するようにしています。

スタイリングのいろんな角度からの見え方を分かりやすく投稿しています。

おわりに

世の中の「常識を革《あら》める」、本番はこれからだ！

実は、バニッシュ・スタンダードが倒産寸前の状態から復活したことと、スタッフスタートの誕生を語るには、欠かせない人物がいる。それが、「ボブ」こと、大貫隆之取締役CXOだ。

本編ではあまり触れられなかったが、ここでボブに感謝を伝えたい。第3章で少し語った、スタッフスタートの開始前に会社がどん底まで落ちたとき、ボブが助けてくれた。

あの当時、僕は終わっていた。会社のEC事業で多大なご迷惑をクライアントにかけ、事業としては大失敗したせいで負債は数億円に膨れ上がり、社員からは三行半を突きつけられ、ちょうど全員退職する寸前のこと。会社は葬式みたいな雰囲気だったし、後ろ指を刺されるような毎日は本当に本当につらかった。あんな状態は、人生でもう二度と味わいたくない……。死すら頭をよぎったが、そんなことをしても過去の清算にはならない。

永遠のように感じた苦しい葛藤の中で、毎日ずっとずっと自問自答を繰り返す中で、僕はついに答えを出した。「仲間との約束を果たせなかったこと」。これが経営者としての一

筆者（小野里）

番の反省だ。
「常識を革（あらた）める」というビジョンを掲げていたにもかかわらず、僕自身が常識の殻を破ることができなかった。たとえ待遇や環境が少し悪かったとしても、せめて仲間たちが夢や希望を持てる会社にするべきだった。だから、仲間を幸せにできなかったEC事業は「もう二度とやらない」と決断した。
そして2つ目の反省が、「自分にも仲間にも素直ではなかったこと」。僕は経営者としてカッコつけていたし、調子に乗っていた。本当に恥ずかしいことだ。「経営者とはこうあるべき」という理想像をはき違えて偉そうにしていた。

仲間に自分を大きく見せたかったんだと思う。単なる力不足、器不足だったのをそうやって無意識に誤魔化していた。だから、本当に心底素直になろうと改心した。ありのままに、自分らしく、自分の本質をさらけ出して仕事するのは本当に大変だ。もちろん、否定も拒絶もされることがあるだろう。でも、そうやって自分の心の本質を磨かなければ本物にはなれないし、また失敗すると思った。

そうやって自分の志を革め、夢と希望に満ちたサービスを提供し、負債も全部返すことができたら、ようやく経営者としてのリスタートを切っていいと、自分で自分に約束をした。それが唯一、過ちを犯した過去の清算になると思ったからだ。そんな覚悟を背負ってEC事業をたたみ、「スタッフスタート」を本格的に開始することにした。

ところが、だ。スタッフスタートを開発していた業務委託のエンジニアが辞めることになり、開発者がいない。ボブとはそんな矢先に出会った。

ボブはソーシャルゲームの企画の担当やファッションコーディネートアプリのバックエンドエンジニアの経験、アプリをアクティブに活用してもらう施策を行った経験もあった。直近はメンズのアンダーウエアの会社でECサイトを担当していたが、それを辞めてフリーランスになるというタイミングだった。

ボブはファッションが大好きなことが服装からも話からも伝わってきて、ファッションの文化とデジタルの両方が分かっていそうだなと思えた。すぐさま必死で口説き落とし、16年11月1日から業務委託で週2回来てもらうことになった。

当時27歳だったボブは、なぜバニッシュ・スタンダードで僕と一緒に仕事をしようと思ってくれたのか。理由は2つあったそうだ。「1つ目は、スタッフスタートで目指しているビジョンが面白くて、すごく意義があるものになると信じられたから。現場で働く店舗スタッフもお客さまも、もっと楽しく、もっと便利になるし、ECもリアル店舗ももっと成長させたり効率を上げたりできると思った。2つ目は、単純に『この人（小野里）、面白いことぶち上げそうだな』と思って（笑）」とのこと。

ボブが参加してくれて、しばらくすると、僕を気の毒に思って残ってくれていた4人の社員が退職した。17年1月、ボブ以外、本当に誰もいなくなった。「ごめんな」と謝る僕に、ボブは「みんな辞めても、僕は辞めないです。心配しないでください」と言ってくれて、とても心強かった。そこから2人だけで半年ぐらい、ずっと一緒にいた。青山墓地の横にある小さなオフィスに移り、寄り添いながら朝から朝まで働いた。

当時、たばこを吸いながら、酒を飲みながら、笑いながら、ずっとずっと仕事をしていた。だってもう、笑うしかなかったから。今思い出してもつらいことはあるけど、やっぱり楽しかった。ボブとは、ずっと語り合っていた。こういう未来をつくろう。それを横展開して全業界で実現しよう。世界にも打って出よう——。外からすると、「絶対無理だろ？」「終わってる会社が何言ってるんだ」と見られていたと思う。でもボブは、「僕はシステムをつくること、説明することに集中していたので気にしていなかった。スタッフスタートは絶対に伸びると思っていたから不安はなかった」という。

実は僕は、割と心配性だったりする。根がネガティブだからこそ、ポジティブに頑張ろうと思って、「大丈夫」「分かりました！」と前向きなことしか言わないようにしてきた。逆にボブは根っからのポジティブ人間で、「大丈夫っす」「いいっすよ！」と、ずっと思ってくれているのが伝わってきた。モノづくりや表現方法では議論を交わすけど、意見がぶつかったり完全に食い違ったり、ましてや喧嘩をしたことは一度もない。

たった2人から再スタートをきった僕らには今、スタッフスタートを一緒につくり、育て、広めていく仲間（社員）が50人いる。僕たちのサービスは、店舗スタッフのEX（従業員の成功体験）を高めるためのものだけど、それを達成するには、バニッシュ・スタンダードの社員みんなのEXも素晴らしいものであることが必要不可欠だと思っている。社員のみんなを「常識を革める」当事者にするためにも、ボブとは一生一緒に歩み続けていきたいし、どちらかが辞めるまで、この仕事を続けたいと思っている。

ボブありがとう！　ここまで来れたな。ただ、僕たちの描いたビジョンはまだ1割しかできちゃいない。これから先もスタートしたときの気持ちを忘れずに一緒にやっていこう！

Special Thanks,

店舗スタッフの皆さまへ

リアル店舗を守ってくれている店舗スタッフの皆さま。あなたたちの活躍がリアル店舗を救うのです。そして、街がより栄え、カルチャーが生まれるのだと確信しています。

スタッフスタートを選んでくださった企業の皆さまへ

いつも本当にありがとうございます。皆さまが共感してくださったおかげで世の中を少しずつ変えていくことができています。これからも、さらなる期待に応えられるよう最高のサービスに仕上げていきます。

バニッシュ・スタンダードのメンバーへ

いつもありがとう！

これからも文化をつくるという本当に大変な道のりだけど、夢と希望を持って一緒にやっていこう！

一緒につくりあげてきたパートナー企業の皆さまへ

スタッフスタートにご協力いただいたり、一緒に事業をしてくださって本当にうれしく思います。僕たちだけではここまで進めることはできませんでした。これからもよろしくお願いします。

支えてくれた皆さまへ

プライベートを含め、仕事は一緒にしてないけど僕や僕らを支えてきてくれた皆さま。いつも感謝しております。これからもヤンチャな僕たちですが、一生懸命世界を革めていく所存です。

書籍メンバーへ

今回ライティングで多大な協力をしてくれたｋｕｍｉｃｏｍ代表でファッションビジネスジャーナリストの松下久美さん、初めての出版の声をかけてくれた日経ＢＰの勝俣哲生さん、ありがとうございました。タイトなスケジュールの中、何回も何回もお会いしてようやく出来上がったことがうれしいです。

読者の皆さまへ

ここまで読んでくださり、本当にありがとうございます。恥ずかしい過去も、考え方も、全てをさらけ出したつもりです。リアルの良さを感じたり、一歩踏み出して常識を革めようと思ってもらえればとてもうれしいです。

バニッシュ・スタンダードＣＥＯ／代表取締役　小野里寧晃

小野里 寧晃
おのざと やすあき

1982年10月24日、群馬県前橋市生まれ。2004年、大手Web制作会社に入社、EC事業部長として主にアパレル企業などのECサイト制作に従事。11年、バニッシュ・スタンダードを設立。EC構築から運営の全てを請け負うフルフィルメント事業を提供する中で「店舗を存続するEC」を目指し、16年に店舗スタッフをDX化させる“スタッフテック”サービスの「STAFF START（スタッフスタート）」を立ち上げる

リアル店舗を救うのは誰か
～今すぐ「店舗スタッフ」にECを任せよ～

2023年3月27日 第1版第1刷発行

著　者	小野里 寧晃（バニッシュ・スタンダードCEO／代表取締役）
発行者	杉本 昭彦
執筆協力	松下 久美（kumicom代表、ファッションビジネスジャーナリスト）
編　集	勝俣 哲生（日経クロストレンド）
発　行	株式会社日経BP
発　売	株式会社日経BPマーケティング
	〒105-8308　東京都港区虎ノ門4-3-12
装丁・レイアウト	中川 英祐（トリプルライン）
図版作成・DTP	中澤 愛子
印刷・製本	大日本印刷株式会社

ISBN 978-4-296-20119-8